# Além da luz e da sombra

Coleção Unipaz – Colégio Internacional dos Terapeutas
*Coordenadores*: Pierre Weil e Roberto Crema

## Coleção Unipaz – CIT

1. Reunião dos textos, pesquisas e testemunhos úteis a uma compreensão superior e vasta do homem e do universo para sua saúde e seu bem-estar.

2. Esta coleção é transdisciplinar e faz apelo a escritores, pesquisadores, médicos, físicos e é inspirada pela antropologia não dualista, pela ética rigorosa e aberta, pela prática da meditação do Colégio Internacional dos Terapeutas, cujas raízes remontam ao 1º século de nossa era, através dos Terapeutas de Alexandria, dos quais Fílon nos traz o Espírito, a visão e os procedimentos, próximos das pesquisas contemporâneas "de ponta".

3. Assim, esta coleção é um local de diálogos, de encontros e de alianças frutuosas entre a tradição e a contemporaneidade.

4. Ela situa-se igualmente na linha de pesquisa da psicologia transpessoal (cf. Coleção Psicologia Transpessoal) e do paradigma holístico, da qual ela é uma das aplicações concretas no mundo dos Terapeutas e nos "cuidados" que todo homem deve ter em relação ao Ser, em todas as suas dimensões: incriada, cósmica, social, consciente e inconsciente.

**Dados Internacionais de Catalogação na Publicação (CIP)**
**(Câmara Brasileira do Livro, SP, Brasil)**

Leloup, Jean-Yves
  Além da luz e da sombra : sobre o viver, o morrer e o ser / Jean-Yves Leloup ; organização de Lise Mary Alves de Lima ; tradução de Pierre Weil, Regina Fittipaldi. 9. ed. – Petrópolis, RJ : Vozes, 2011.

  9ª reimpressão, 2022.

  ISBN 978-85-326-2610-3

  1. Morte 2. Vida I. Título.

01-3104                                                      CDD-128

Índices para catálogo sistemático:
1. Morte e vida : Filosofia    128
2. Vida e morte : Filosofia    128

JEAN-YVES LELOUP

# Além da luz e da sombra

Sobre o viver, o morrer e o ser

Organização de
Lise Mary Alves de Lima

Tradução de
Pierre Weil e Regina Fittipaldi

EDITORA
VOZES

Petrópolis

© 2001, Editora Vozes Ltda.
Rua Frei Luís, 100
25689-900 Petrópolis, RJ
www.vozes.com.br
Brasil

Todos os direitos reservados. Nenhuma parte desta obra poderá ser reproduzida ou transmitida por qualquer forma e/ou quaisquer meios (eletrônico ou mecânico, incluindo fotocópia e gravação) ou arquivada em qualquer sistema ou banco de dados sem permissão escrita da editora.

**CONSELHO EDITORIAL**

**Diretor**
Gilberto Gonçalves Garcia

**Editores**
Aline dos Santos Carneiro
Edrian Josué Pasini
Marilac Loraine Oleniki
Welder Lancieri Marchini

**Conselheiros**
Francisco Morás
Ludovico Garmus
Teobaldo Heidemann
Volney J. Berkenbrock

**Secretário executivo**
Leonardo A.R.T. dos Santos

*Editoração e org. literária*: Ana Kronemberger
*Diagramação*: Sheilandre Desenv. Gráfico
*Revisão gráfica*: Jaqueline Moreira
*Capa*: Editora Vozes

ISBN 978-85-326-2610-3

Este livro foi composto e impresso pela Editora Vozes Ltda.

# Sumário

*Prefácio*, 7

**Parte I** – O acompanhamento dos agonizantes, 13
    Introdução, 15
        As abordagens da morte e do morrer, 18
        Consequências das abordagens, 23
    O Livro tibetano dos mortos – *Bardo Thodol*, 28
        Introdução, 28
        O itinerário do *Bardo Thodol*, 30
            A Clara Luz, 30
            As projeções, 34
            A subida dos venenos, 39
            O julgamento, 40
            A volta possível, 41
        Uma explicação contemporânea, 42
            Reencarnação e ressurreição, 46
    O *Livro cristão dos mortos*, 51
        Introdução, 51
        Uma oportunidade de crescimento, 53
        As provações, 55
        A sintonia com Kübler-Ross, 62
    Perguntas, 65

**Parte II** – O absurdo e a graça, 79
    O encontro com o numinoso, 81
        O numinoso na natureza, 82
        O numinoso na arte, 84
        O numinoso no encontro, 88
    A luz e a sombra, a graça e o absurdo, 93
    A história de Jó, 100
    Perguntas, 111

# Prefácio

*"Onde as estradas são construídas
eu perco o meu caminho."*
                                    Rabindranath Tagore

É com grande júbilo que propiciamos aos leitores brasileiros uma outra relíquia da coleção do Colégio Internacional dos Terapeutas, CIT. Neste momento em que o alvorecer do novo milênio desponta no horizonte da humanidade, o mito emergente aponta para a joia de um globo azul, incrustada no útero cálido de uma tapeçaria cósmica. O CIT brota de um sonho, lúcido e coletivo, com um ser humano a caminho da realização de sua completude, no coração de uma totalidade viva e pulsante que tudo envolve e tudo interliga. É um espaço inspiracional e fecundo de cuidado, onde uma humanidade plena pode ser gestada, reconciliada em suas dimensões de corpo, alma e consciência, atravessada pelo Mistério da Vida.

Trata-se de *cuidar do Ser*, no exercício de uma arte de escuta e de encontro que abriga o mais concreto e o mais sutil, o mais profano e o mais sagrado, na direção fecunda das bodas da matéria com a luz, da análise com a síntese, da existência com a essência. Transgredindo, delicada e naturalmente, uma cultura esgotada de clausura e de cisão, de separatividade e de exclusão. Transcendendo o diabólico, que divide e instaura a discórdia, rumo ao simbólico, que religa e convida à comunhão. No marco da abordagem de ponta da transdisciplinaridade, uma revolta lúcida da inteligência, que ousa instaurar o diálogo entre as diversas visões e leituras do real, unindo o Ocidente ao Oriente, a ciência contemporânea às tradições milenares de sabedoria.

Homens e mulheres se reconhecem no entusiasmo da busca e na tarefa de servir, como facilitadores de saúde, nas esferas integradas de uma ecologia individual, social e ambiental. Comprometidos por laços de cumplicidade e de fraternidade, comungando uma visão holística da realidade e uma ética da bênção e do respeito à inteireza do projeto humano. Exercitando a virtude da congruência, no exercício de uma prática de integridade, a serviço da integralidade. Aplicados no estudo rigoroso e aberto dos textos tecno-científicos e da filosofia e terapia perenes, na responsabilidade de cuidar, cuidando-se; de escutar, escutando-se. Compartilhando uma busca permanente de renovação e reciclagem, e uma prática meditativa no cotidiano, para a essencial escuta do Instante, a partir da matriz generativa do Silêncio. No testemunho de uma alteridade vinculada à consciência de não separatividade, homens e mulheres marcham na aventura evolutiva do Caminho, abertos e atentos ao toque numinoso da Presença.

Ciente de sua ancestralidade, que remonta aos Terapeutas de Alexandria, passando pelos alquimistas medievais e gnósticos de todos os tempos, o Colégio Internacional dos Terapeutas emerge do solo fecundo da Quinta Força em Terapia, um significativo passo além do movimento transpessoal que Maslow denominava de Quarta Força, sendo as anteriores a psicanálise, o behaviorismo e a abordagem humanística. Trata-se de transcender a polaridade pessoal-transpessoal, ancorada na profundidade das raízes, em direção ao resgate da leveza das asas. Vastidão do fenômeno humano, em sua vocação de equilibrar o abismal com o celestial, espaço de encontro dos múltiplos reinos da Realidade indivisível e una.

O ser humano é aquele que habita o reino das polaridades. Do embate inevitável e árduo dos opostos, surge o atrito criativo que pode nos despertar para o processo de integração. Como na parábola do filho pródigo, todos estamos retornando à casa do Pai, em algum ponto da travessia do dilúvio das contradições, dos conflitos e das provações da existência.

*Além da luz e da sombra* é uma obra que consteia, lúcida e poeticamente, os temas fundamentais da realidade humana. É o belo e nutritivo fruto de dois seminários de Jean-Yves Leloup, na UNIPAZ, em seu itinerário pelo Brasil, em 1998. Na primeira parte, resultado do seminário intitulado "A arte de morrer", Leloup aborda dois textos sapienciais clássicos sobre os momentos finais da existência, focalizando uma delicada prática de alquimia da consciência, no acompanhamento dos agonizantes. Por um lado, o *Bardo Thodol*, da tradição tibetana, certamente uma das mais sábias e esclarecidas obras na pesquisa dos meandros complexos e inevitáveis da passagem, um notável testemunho pedagógico e terapêutico, que cuida do processo da morte como uma oportunidade de iluminação. O outro é um texto quase desconhecido do cristianismo, datado de 1492, *Ars moriendi*, que trata do processo de agonia como o derradeiro e decisivo combate da existência.

Na segunda parte, "O absurdo e a graça", tema do seu livro autobiográfico, Leloup aborda o paradoxo inerente ao humano existir, do numinoso que entrelaça sorriso e lágrima, amor e temor, louvor e horror, no mesmo espasmo de cada passo logrado, na trilha estreita de individuação, onde nos tornamos realmente humanos. "A vida é como uma rosa que nos inebria com o seu perfume e nos dilacera com os seus espinhos", afirma o autor, transpirando algumas passagens tocantes de sua travessia pelo árido deserto da existência, rumo ao oásis verdejante da essência... O *Livro de Jó* é percorrido com uma sabedoria simbólica singular, própria de quem fluidicamente habita o lar do imaginal, este jardim de arquétipos de nossa alma coletiva. Leloup percorre o drama lancinante de Jó, esta imagem estruturante de uma ousadia sublime e de uma paciência heroica, do ser humano em busca de justiça, que logra a iluminação ao transcender todas as suas representações do Absoluto, conquistando a consciência de abundância e de paz, neste espaço de liberdade plena, além do bem e do mal.

O fanatismo da luz tem trazido muitas trevas, nesta Jerusalém ferida e violada de nossa humanidade em processo de parto, de morte e de renascimento. A identificação exclusiva com o bem gera o mal, nas entranhas sombrias e ativas do inconsciente. Reconhecer, assumir e integrar, para transcender, a claridade e a escuridão de nossa condição humana, eis o desafio para os pretendentes a fazer render os próprios talentos, neste milagre possível do desenvolvimento total da semente de inteireza e plenitude, da Utopia que encarnamos.

Para Sartre, tudo é absurdo. Para Francisco de Assis, tudo é graça. Para Jean-Yves Leloup, tudo é dança de absurdo com a graça. Quando somos capazes de integrar o peso com a leveza do existir, os Budas sorriem, as pedras florescem. Com uma maestria que reflete a aliança do cientista da psique com o sacerdote dos abismos da alma e o incansável Peregrino dos desertos com o coração, Leloup segue nos oferecendo a inspiração que nasce da vastidão de sua humanidade, convidando-nos a mergulhar no oceano da consciência não dual, a morrer no coração do Dom da Vida. É sempre um transbordamento que lembra o poema de Teresa de Ávila:

*Vivo sem viver em mim*
*e tão alta vida espero*
*que morro por não morrer.*

Resta agradecer pelo privilégio de estar sendo um operário no mutirão da UNIPAZ, presidida por Sandra Sandres, com Pierre Weil na reitoria, que irradiou-se por todo o Brasil e, ultimamente, também para Portugal, Israel, França, Argentina e Bélgica. Os seminários de Jean-Yves Leloup transcorreram nos *campi* do Distrito Federal, da Bahia e do Rio de Janeiro. Agradeço os esforços de tradução verbal da companheira Regina Fittipaldi e do Pierre Weil, bem como o empenho entusiasmado de toda a equipe brasiliense, com Bernardo Wernik na Secretaria Executiva e Renée Catanhede na coordenação geral da Formação Holística de Base. Agradeço também à equipe de Salvador, dirigida por Maria Virginia Garcez, e a do Rio, por Maria da Gloria Sobrinho.

Para a nossa querida artesã, das mãos de fada e mente de alquimista, Lise Mary Alves de Lima, que transformou o encantamento dos Encontros neste livro, precioso e promissor, ciente de sua qualidade de dom e de nossa irmandade transtemporal, devoto minha maior admiração, minha mais profunda gratidão.

*Roberto Crema*
Do Colégio Internacional dos Terapeutas

# O ACOMPANHAMENTO DOS AGONIZANTES

# Introdução

Abordaremos uma questão difícil, mas impossível de evitar – a questão da morte.

André Malraux dizia que o homem é o único animal que sabe que vai morrer. E toda a sua dignidade e grandeza como ser humano consiste em refletir sobre o sentido de sua vida, sendo este sentido encontrado na morte.

A vida e a morte não estão separadas. É interessante notar que quando os antropólogos e etnólogos estudam a história do cosmos e de sua evolução, notam a presença do ser humano a partir de um certo número de rituais funerários, como se o fato de se ocupar do ser como mortal fosse o sinal da presença e do nascimento da humanidade. Podemos trazer esta questão para os nossos dias quando, trabalhando em certos hospitais ou outros lugares, vemos tratarem os moribundos como objetos, doenças e não doentes, com a tendência a descartá-los como máquinas gastas e inúteis. A ausência do acompanhamento adequado aos moribundos, a ausência do ritual funerário não seria o sinal, o símbolo do fim de nossa humanidade? Da nossa perda de sentido do humano?

Porque o advento do ser humano na história da evolução é marcado pela presença de ritos funerários, como pode ser observado nas grutas do homem de Neandertal e em diversos outros registros.

Em um primeiro tempo, estudaremos várias maneiras de abordar o sofrimento e a morte em diferentes culturas e tradições.

Creio que o encontro com a diversidade pode nos enriquecer. Por exemplo, nos hospitais nem sempre acompanhamos pessoas que têm o mesmo ponto de vista que o nosso. É importante conhecer, também, as várias concepções do homem e como, em suas tradições e em suas culturas, as pessoas acompanham os últimos instantes da vida e da morte daqueles que estão sob seus cuidados.

A seguir, estudaremos mais particularmente dois grandes livros clássicos que descrevem o acompanhamento de pessoas no seio de suas famílias, na tradição budista e na tradição cristã, lembrando que, quer sejamos cristãos ou budistas, quer sejamos ateus ou crentes, somos primordialmente seres humanos que devem enfrentar a dor e um certo número de medos, principalmente este medo do desconhecido que, para alguns, a morte representa.

Nossa maneira de acompanhar alguém depende da imagem que temos do homem – é o que eu chamo de "pressuposto antropológico". Porque é a partir de nossa imagem do homem que consideramos alguém como normal ou anormal, como sadio ou doente. E é também a partir de nossa imagem do homem que consideraremos a morte como algo trágico, difícil de ultrapassar ou, pelo contrário, como algo normal, algo natural e por vezes mesmo como uma oportunidade de despertar e de se libertar.

É interessante observar estes diferentes pontos de vista e nos interrogarmos sobre o nosso. Qual é a nossa relação com a dor, com o sofrimento, com a morte dos outros e a nossa própria morte? Comecei a refletir sobre isso em um hospital de Genebra porque fiquei muito impressionado com as respostas dadas por um certo número de pessoas em fase terminal, quando indagadas sobre seus medos. Para algumas o medo maior é o da decomposição, medo muito físico e visceral; para outras, o medo de ser enterrada viva, o que tem levado, na Europa, a um aumento do número de pessoas que preferem ser cremadas a ser enterradas. Para outras existe um medo intelectual que é o medo de perder a razão, o medo do desconhecido. Frequentemente estas pessoas me dizem: *"Se perco a razão, perco minha dignidade humana. Se isso acontecer, desligue-me dos aparelhos"*. Finalmente, existe o medo da separação, o separar-se dos seres que mais se ama, o medo de deixá-los sozinhos. Este é o medo afetivo.

A partir da observação destes diferentes medos concluí que o terapeuta, quer seja médico, enfermeira ou qualquer pessoa (quem já não acompanhou alguém no momento de sua morte?), deveria tomar em consideração o ser humano em sua inteireza, não somente sua dor física, seu medo psíquico, mas também as questões intelectuais que ele se coloca sobre o sentido do que lhe acontece. Por que o homem deve morrer? Por que somos mortais? Por que devemos envelhecer? Muitas pessoas têm medo de envelhecer, têm medo desta lenta degradação do corpo, dos órgãos, da memória e do pensamento.

Para aliviar a dor temos necessidade de medicamentos. Para apaziguar nosso coração temos necessidade de compreensão psicológica. Para iluminar nossa inteligência temos necessidade de sentido. E aquele que acompanha deve fazê-lo em todas as dimensões.

Impressiona-me verificar como os grandes textos tradicionais respeitam o homem em sua inteireza. Há neles uma antropologia onde o homem não é somente uma matéria ou uma mecânica, mas é também uma alma e, cuidar dele, não é apenas cuidar do seu corpo, é também respeitar sua alma. Nesta antropologia o homem é também um espírito, existe nele uma dimensão que escapa ao espaço e ao tempo. Apenas o que morre está no espaço e no tempo. Talvez o acompanhante possa fazê-lo descobrir algo que ele possui e que é independente do espaço-tempo e, para que isto seja possível, é preciso que tenha feito, ele próprio, a experiência. Poderá haver, então, uma comunicação de ser a ser. Mais tarde voltaremos a esse tema.

## As abordagens da morte e do morrer

Gostaria agora de colocar para vocês quatro grandes abordagens do ser humano ao final de sua vida.

Os nossos hospitais não são locais agradáveis... Os instrumentos que deveriam nos ajudar a uma melhor comunicação nos impedem de falar, nos impedem de nos reconhecermos. Podemos nos colocar algumas grandes questões: Que lugar outorgar à técnica, no acompanhamento aos moribundos? Que lugar outorgar ao *acharnement*[1] terapêutico? Às vezes não impedimos alguém de viver humanamente sua morte? Às vezes não roubamos a alguém a sua morte, tirando sua dignidade e sua consciência no momento mais elevado de sua vida? Porque, nessa *primeira abordagem*, a morte é o mais elevado momento da vida.

A morte é a ocasião de passar a uma outra frequência. Elizabeth Kübler-Ross diz que a morte é mudar de comprimento de onda. Saibam vocês que o grande sábio Edison descobriu o telefone procurando comunicar-se com os mortos, e não querendo comunicar-se com Moscou ou Berlim. Como entrar neste comprimento de onda?

Assim, existe uma maneira de encarar a morte, não como algo negativo, mas como uma oportunidade de despertar e de se libertar. Na tradição budista, a morte significa a morte da ilusão, a morte deste agregado de consciência, de vontade, de desejo, que eu chamo ego. Entretanto, a morte do ego não é a morte do ser essencial. É a morte da forma que a vida tomou em mim, não é a morte da vida. Nesta visão, acompanhar alguém é ajudá-lo a fazer deste momento uma ocasião de despertar e de se libertar.

A *segunda abordagem* compreende a morte como carma, como uma consequência dos nossos atos. A palavra carma quer dizer ato

---

1. *Acharnement thérapeutique*: fato de procurar manter a vida por todos os meios terapêuticos possíveis, estando a pessoa já condenada a morrer. *Dicionário Larousse.* [N.O.].

e consequência do ato. O momento da morte será, pois, o resultado de todos os nossos atos passados. Será a oportunidade de entrar em uma nova vida, melhor, pior ou semelhante, de acordo com os atos que praticarmos na vida atual.

Nesta tradição, encontrada na Índia e em outros países, a morte é a passagem para uma outra vida, a qual será a consequência dos meus atos passados. É importante, no momento da morte, não produzir um carma negativo, portanto deve-se afastar os maus pensamentos, os maus desejos, porque isso teria consequências em uma vida futura. Esta visão nos convida à responsabilidade porque o que somos hoje é a consequência dos nossos atos passados e o que somos hoje será a causa de nossa vida futura. O Buda dizia que se você quer conhecer o que será mais tarde, trabalhe sobre o que você é agora, porque o que você é agora é o que você será no futuro.

Portanto, a segunda abordagem é aquela que insiste em nossa responsabilidade sobre o encadeamento de causas e efeitos que se chama *samsara* e a libertação nesta, como na primeira tradição, consiste em sair da cadeia de causas e efeitos.

Na tradição hindu a palavra reencarnação é bem distinta da palavra ressurreição. O que os sábios buscam não é a reencarnação, pois esta é a perpetuação da ilusão, a perpetuação do mundo e da dor. O que os sábios buscam é a ressurreição, que eles chamam de "novo nascimento" (*dvija*, em sânscrito); é sair deste ciclo, entrar na *moksha*, na libertação ou no nirvana, como refere a tradição budista.

Diante destas duas primeiras abordagens, a tradição materialista mais familiar a nossos ouvidos dirá que tudo isso é apenas elucubração. A morte é o fim e nada há além disso. Esta é a *terceira abordagem*.

Dependendo da tradição seguida, serão diferentes as consequências sobre o comportamento das pessoas. Na primeira tradição que evocamos não há *acharnement* terapêutico possível – isso seria faltar com a coragem e a lucidez. É preciso, principalmente, ajudar o indivíduo a morrer bem. Na visão onde conta somente a vida terrestre é preciso tudo fazer para que ela dure o mais possível. E isso cria uma espécie de angústia no meio hospitalar. Faz-se tudo para prolongar a vida de uma pessoa sabendo que ela vai morrer, mesmo assim. Talvez por isso não sejam vistos com frequência, à cabeceira dos agonizantes, o chefe de serviço, o médico assistente. Lá estão, sobretudo, as mulheres que poderiam ser chamadas de "parteiras".

Tudo se passa como se, confrontados com a morte, os grandes médicos se vissem diante de uma "ferida narcísica irreparável". Esta ferida narcísica irreparável é uma expressão de Freud para descrever o que se passou no momento da morte de sua filha Sofia, quando deparou com os limites do poder da ciência, do poder da técnica. Ela pode ser muito dolorosa para pessoas apegadas ao poder.

Nós reencontramos esta visão – que nos parece muito contemporânea – na Antiguidade, com Demócrito e Epicuro. Epicuro dizia: "Não vos preocupeis com a morte porque enquanto estais vivos não podeis falar dela e quando morrerdes não estareis lá para falar dela". Estes argumentos são os mesmos encontrados hoje.

Portanto, se por um lado a morte é a morte de uma ilusão e por outro lado é a consequência de nossos atos passados e a ocasião de passar a uma vida melhor de acordo com a consequência desses mesmos atos, na terceira visão não há nada além da morte e não é a morte que dá sentido à vida. Jean-Paul Sartre dirá que a morte é o que tira toda a significação da vida e nem todos os existencialistas estão de acordo com essa afirmativa. Para Kierkegaard ou Heidegger, a morte é o que dá profundidade à vida humana, que permite saborear cada instante em sua fragilidade e em sua beleza. Para outros existencialistas é o que tira o sentido de tudo o que fazemos. Para que amar? Para que procurar compreender? Os sábios e os loucos se encontrarão na mesma sepultura, os santos e os criminosos têm a mesma cor sob a terra. E esta é uma visão muito trágica.

Há ainda uma *quarta abordagem* que nos é mais familiar já que nos vem através do cristianismo. Nesta visão a morte não é o fim da vida. Não é também o começo de uma outra vida no sentido da reencarnação. A morte é o despertar para o que São João chama de "a vida eterna". É a experiência da ressurreição que, em grego, se diz *anastasis*.

A palavra ressurreição algumas vezes é mal compreendida. Muitos cristãos creem na reanimação e não creem na ressurreição. Lázaro foi reanimado e não ressuscitado. Ele saiu de um túmulo para entrar em outro túmulo e isso é uma reanimação, como vemos na história do judaísmo, por exemplo, quando Elias reanima o filho do cego de Sarepta. Em outras tradições temos outros exemplos de reanimação. No mundo contemporâneo, esses exemplos são numerosos. Todos os dias, em nossos hospitais, podemos assistir a cenas de reanimação. Eu mesmo fiz a experiência de uma morte clínica e a prova de que fui reanimado é que estou aqui entre vocês. Não posso dizer, entretanto, que fui ressuscitado.

A ressurreição é a abertura de nossa consciência à consciência infinita que nos habita. É a abertura de nossa vida mortal à vida eterna. É a abertura de nossa vida criada à vida incriada. Por isso, os antigos evangelhos descobertos em Nag Hammadi insistem sobre o fato de que o Cristo ressuscitou antes de morrer. Antes de morrer Ele tinha a experiência desta vida eterna que O habitava e que chamava de Pai. O rio da vida que Ele era estava consciente da fonte, da fonte que não está no espaço-tempo. Ele vivia em relação com essa fonte e sua morte foi a morte de seu ser mortal, não foi a morte de seu ser divino.

Diz-se, no cristianismo, que a morte é um momento de passagem. A palavra passagem em hebraico é *Pessah*, que significa passar de uma consciência a outra, descobrir no coração de nossa vida mortal a eternidade que vive em nós. Se somos eternos, somos antes, durante e depois. A vida eterna não é somente a vida depois da morte. A ressurreição não é a reanimação. A ressurreição não é uma experiência após a morte, isso é algo importante a redescobrir.

Nesta quarta abordagem, o sofrimento de uma pessoa não é uma ilusão e, no cuidado que teremos com ela, levaremos isto em conta, fazendo tudo para ajudá-la. Foi assim que nasceram os *cuidados paliativos*. Não sei se no Brasil eles estão bem desenvolvidos. Quando uma pessoa está em fase terminal, com sua concordância, não lhe darão mais medicamentos para curá-la. Utilizam-se medicamentos analgésicos, que aliviem a dor sem tirar-lhe a consciência para que ela possa viver, verdadeiramente, seus últimos instantes com a maior lucidez possível.

Nesta abordagem, nesta antropologia, o corpo, a matéria, não são ilusões que é preciso desprezar. Devemos cuidar dele com todo o respeito físico e psicológico possíveis. Mas o fim desta vida mortal não é o fim de tudo. Por isso este acompanhamento não é, simplesmente, um acompanhamento materialista, mesmo se ele é cuidadoso com os elementos materiais do ser humano. Ele se preocupa, sobretudo, com o despertar da pessoa para a vida eterna. E, com essa atitude, ajuda-se a pessoa a encontrar o que para ela é o objeto de sua esperança, a luz que a guiou durante toda sua vida. O papel do acompanhante é lembrar-lhe a presença dessa luz.

Nós encontramos na humanidade estas quatro atitudes. Algumas nos são familiares, outras nos parecem estrangeiras. Estamos de acordo com algumas e em desacordo com outras. Mas quando acompanhamos uma pessoa no final de sua vida é importante conhecer seu pressuposto antropológico a fim de respeitá-la em sua visão da vida e de seu devir.

## Consequências das abordagens

Gostaria de ampliar um pouco estas abordagens vendo quais as consequências concretas que elas podem ter em nossa maneira de lidar com o sofrimento e com a morte.

Se a morte é a morte de uma ilusão, a fonte do sofrimento será o apego. E será o apego a única coisa a temer no momento da morte. Apego a uma imagem de si mesmo, uma imagem que se toma por si mesmo ou apego a um ambiente, a uma situação. O papel do acompanhante (nesta tradição, o Lama) será o de ajudar a pessoa a se desapegar, a caminhar em direção à verdadeira natureza de seu espírito, que se chama *Clara Luz*. Retornaremos a este assunto posteriormente mas é interessante notar, desde já, que a palavra Lama quer dizer pai e mãe. Então, no momento da morte como naquele do nascimento, temos necessidade de um pai e de uma mãe, de uma presença masculina e de uma presença feminina. A presença feminina traz a dimensão do toque, a maneira de envolver a pessoa com sua presença, com afeição, com delicadeza. Tratar a pessoa não como um quase cadáver mas como um corpo habitado por uma alma, um corpo habitado por um espírito. Considerar o doente como seu próprio filho e ajudá-lo a viver esta difícil passagem. A presença masculina, paterna, também é necessária, trazendo a palavra, uma palavra profética que oriente sua consciência. Isto porque o momento da morte é de muita confusão, há uma subida do inconsciente pessoal, familiar, coletivo e, às vezes, mesmo do inconsciente cósmico.

O *Livro cristão dos mortos* mostra bem que a pessoa em sua agonia vive experiências que, vistas do exterior, parecem delírios, mas estas experiências pertencem ao meio ambiente. Podemos fazer a relação entre alguns estados de consciência vividos no momento da morte com os estados de consciência chamados psicóticos porque, nesse momento, a pessoa entra no que se denomina "mundo intermediário".

Sobre este tema, o *Livro tibetano dos mortos* nos traz também um certo número de informações. O papel do Lama, neste enfoque, é de dizer que todas as visões, todas as dores e emoções que atravessam a pessoa nesse momento e que sobem das profundezas de diferentes inconscientes que a habitam, não é a sua verdadeira realidade. A sua verdadeira realidade é a Clara Luz. E então, penso no prólogo do Evangelho de São João quando diz que o *Logos* é a luz que ilumina todo homem que vem a este mundo. Não somente os cristãos, não somente os crentes, mas todo homem. E todo homem que entra na profundidade dele mesmo pode fazer esta experiência da luz na matéria e desta experiência os físicos nos falam.

O momento da morte é, pois, um momento de conhecimento muito elevado. O agonizante entra no segredo de sua matéria, de suas células e átomos. Os antigos dizem que todo homem, no momento de morrer, entra no estado de consciência que os grandes iniciados conhecem, qualquer que seja o seu preparo. E o problema é justamente a falta de preparo, pois a maneira habitual com que cada um utiliza a sua consciência é na consciência de alguma coisa, consciência de um objeto, de um conceito, de um pensamento. No momento da morte, entretanto, fazemos a experiência de uma consciência sem objeto, quer seja ele interior ou exterior. E se o agonizante não foi preparado para esta experiência da vacuidade, pode haver nele um medo, um estreitamento da consciência que restaura as imagens do conhecido, quer se tratem de imagens religiosas quer se tratem de arquétipos. E é preciso que ele atravesse tudo isso sabendo que são projeções do seu espírito e entre na extremidade mais sutil da alma, nesta pura luz que ele é.

Neste contexto, não é bom chorar ou lamentar-se. Não queremos dizer com isso que as emoções são más, mas que as emoções do acompanhante ou dos presentes são para eles mesmos. Eles choram por eles mesmos, pela separação que estão vivendo. Mas se amam verdadeiramente aquele que vai morrer, deveriam dizer como o Bem-Amado à Bem-Amada, no Cântico dos Cânticos: "Vá para você mesmo". Ou como Deus a Abraão. Deus não diz a Abraão "Vem", mas diz "Vai, vai para ti mesmo".

Se amamos alguém, amamos sua liberdade, amamos o que ele é, mesmo se o que ele é, ou o que ele faz, nos faz mal. Portanto, esta é uma palavra importante a ser dita: "Vá, vá para sua luz. Você tem o direito de morrer, você tem o direito de partir". Porque, muitas vezes, retemos as pessoas a quem amamos e tornamos sua morte mais dolorosa. É preciso permitir que eles partam. É impressionante como algumas pessoas aguardam a autorização de seus entes queridos para partirem. E outras não querem morrer enquanto não puderem ver um filho, uma filha que estão ausentes. Depois de cumprido o seu desejo dão a si mesmos a autorização para morrer.

Podemos ajudá-los lembrando-lhes que a morte é algo natural e que esta vida não é a única vida. Ou, como nos lembram os físicos, este mundo não é o único mundo, é um determinado cumprimento de onda. Existem outros níveis de consciência, outros planos do ser e, algumas vezes, temos tendência a nos identificarmos com este mundo material. Entretanto, quanto mais observamos a matéria mais descobrimos que esta matéria é energia, mais descobrimos que esta energia é o pensamento. E o pensamento, o que é?

Aquilo que chamamos "real", não é o real mas a nossa percepção dele. O que nós descrevemos são os limites dos nossos instrumentos de conhecimento. No momento da morte descobrimos que o real não é somente o que percebemos dele, o que nossos olhos viram dele, mas muito mais que isso.

Esta abordagem pode nos ajudar a viver com serenidade. Ela não impede a dor da separação, mas nos obriga a um maior conhecimento. O que chamamos de corpo, o que chamamos de matéria, não é somente o que certas crenças materialistas podem nos dizer deles. As crenças são respeitáveis mas há também maneiras mais científicas, mais intuitivas e mais profundas de observar o ser humano. Essas diferentes maneiras condicionam nosso modo de viver e de morrer.

Portanto, num primeiro momento, paramos com estas interrogações: *Quem sou eu, realmente? Sou apenas um corpo? Sou um pacote de memórias, memórias felizes e infelizes? Quando eu morro, o que é que morre em mim?*

E todas as respostas que a filosofia, as pesquisas científicas ou as tradições propõem, não serão minhas respostas. Elas podem apenas ajudar a aprofundar o meu questionamento. Cabe a mim, cabe a cada um descobrir a resposta, no esgotar da questão. E essa resposta não é simplesmente intelectual, é uma resposta vital. Descubro, não como uma crença, mas como uma experiência, que existe em mim uma realidade que não morre. Espero que possa fazer esta experiência antes de morrer, porque não vale a pena esperar a hora da morte para fazê-la.

Do mesmo modo não vale a pena esperar morrer para repousar, para fazer a experiência do *Requiem*. Nas tradições antigas fala-se da morte como a entrada no repouso, o repouso do mental, o repouso das emoções e dos instintos. Este repouso, nós já podemos experimentá-lo em momentos de prece ou de meditação quando, no sopro do nosso sopro, ouvimos a presença do silêncio. Aquele silêncio de onde a Palavra se origina e para onde ela volta. Aquele silêncio de onde vem o Pensamento e para onde ele volta. O silêncio de onde vem a Vida e para onde ela retorna.

A tradição dos Terapeutas de Alexandria preconiza que quando se tem uma pergunta grave e séria a fazer, devemos fazê-la ao mestre interno e este pode dar a resposta em sonhos. Portanto, remetamos todas estas questões sobre a dor, o sofrimento e a morte ao nosso sopro, ao nosso silêncio.

Acostumemo-nos a alguns instantes diários de silêncio, ficando cada um em uma atitude de tranquilidade e de repouso. Entremos na consciência do nosso sopro. A cada instante expiro; não expirarei somente no momento da morte. Expiro profundamente, conscientemente e não terei medo deste espaço silencioso no final de cada expiração. Entre a inspiração e a expiração há também um momento extremamente precioso, onde o pensamento não entra. Um momento de silêncio e é deste silêncio que nasce a expiração. Aproximemo-nos deste espaço, sem forçar nada, expiremos docemente, permaneçamos neste fim de expiração e deixemos vir a inspiração. De acordo com o ritmo de cada um.

E deixemos que o Sopro nos conduza para um silêncio mais simples, para uma presença mais pura. Permaneçamos nesta presença alguns minutos, para o nosso bem-estar e para o bem-estar de todos.

# O Livro tibetano dos mortos – *Bardo Thodol*

**Introdução**

Tratamos, anteriormente, das diferentes formas de acompanhar os últimos instantes de uma vida, segundo a tradição e a cultura na qual nos encontramos. A partir de agora vamos seguir o caminho do budismo tibetano e de um grande livro que se chama *Bardo Thodol*.

*Bardo Thodol* não quer dizer "Livro tibetano dos mortos". A tradução literal é "Livro da libertação pela escuta entre-dois". A palavra *Bardo* significa "o que está entre dois". Entre dois pensamentos, duas respirações, duas emoções, dois planos do ser. O objetivo é a libertação. O objetivo é a saída dos limites nos quais nos encontramos. É o acesso à Pura Luz que habita nossa finitude.

O método para chegar a este despertar é a Escuta. Nela encontramos o primeiro mandamento e o primeiro exercício da tradição judaica: *Shema Israel*, Escuta Israel. Esta escuta é uma escuta de todo o corpo, de todo o coração, de toda a inteligência. Uma atenção global Àquele que É, particularmente, Àquele que É entre dois estados de consciência. Por isso fala-se de *Bardo*. Veremos este *Bardo*, teremos acesso a ele no momento da morte, mas já nesta vida entramos em contato com estes estados intermediários.

Nos sonhos, por exemplo. O *Bardo* é o mundo das imagens, dos arquétipos. Não é simplesmente o mundo do inconsciente. É alguma coisa que está entre o inconsciente e o consciente, entre o inconsciente e o supraconsciente.

Este texto, da maneira como estudaremos agora, foi-me transmitido pelo Dalai Lama e por Kalou Rimpoché. Eles me fizeram compreender que este livro é para os moribundos e também para os que estão vivos. Concordam com Jung que, meditando sobre este texto, dizia ser o mesmo de psicologia profunda, revelador de estados não ordinários de consciência, sendo importante conhecê-lo, particularmente se tivermos que acompanhar pacientes psicóticos. Isto porque os psicóticos vivem em um mundo intermediário, fora da consciência ordinária e da Clara Luz. Vivem num mundo de suas imagens, das representações inconscientes ou coletivas que o habitam, sendo, às vezes, prisioneiros destas imagens. O *Bardo Thodol* poderia dar ao psiquiatra um certo número de indicações, para que ele pudesse ajudar estas pessoas a tornarem-se livres em relação às imagens que as aprisionam e a refazerem o elo com a consciência ordinária e com a consciência espiritual. Porque o mundo intermediário em que elas vivem não é o mundo espiritual. É o mundo do espaço-tempo, embora de um outro diferente do nosso, mas sempre um mundo de impermanência. É por isso que o lama que acompanha o moribundo vai ajudá-lo a ultrapassar este mundo intermediário, a não tomar estas imagens e experiências interiores como sendo a realidade última.

O *Bardo Thodol* foi escrito no oitavo século de nossa era por Padmasambhava, o introdutor do budismo no Tibete. Por conseguinte trata-se de um texto sagrado que pertence ao patrimônio espiritual da humanidade, juntamente com outros livros como o *Bhagavad Gita*, o *Tao Te King* e os grandes textos da tradição judaico-cristã. Não é simplesmente um texto antigo, do passado. Pode ajudar a nos compreendermos, hoje; e ajudar-nos a acompanhar uma pessoa no momento em que ela vai morrer.

## O itinerário do *Bardo Thodol*

Tentemos ler e meditar este texto.

Uma pessoa está com os sintomas de morte próxima, mudança do ritmo cardíaco, respiração cada vez mais rápida, espasmos pelo corpo e, neste momento, o Lama que está a seu lado tem uma atitude ao mesmo tempo masculina e feminina, atitude de ternura e rigor, atitude de profunda intimidade e proximidade mas, ao mesmo tempo, de distância, para que possa orientar o moribundo neste momento difícil. Ele dirá algumas palavras que têm por objetivo dirigir seu espírito e ajudá-lo a sair da confusão e do delírio no qual ele pode se encontrar no momento da agonia.

Porque o problema, nesse momento, é que a pessoa não sabe exatamente onde está. Não está mais, realmente, em seu corpo e ainda não saiu dele. Está como que ao redor de seu corpo. Esta descrição do *Bardo Thodol* vai em direção ao testemunho de muitos de nossos contemporâneos que relatam terem estado, no momento da morte, em torno de seu corpo, procurando entrar em comunicação com aqueles que estavam ao seu redor. Não conseguiam, entretanto, o seu intento, porque não tinham mais os instrumentos espaçotemporais para entrar em comunicação.

## *A Clara Luz*

O Lama se inclinará junto ao ouvido do agonizante e lhe dirá:
Nobre Filho (ou nobre filha)... [fala seu nome], agora que tua respiração quase parou, eis que é chegado o momento de procurar um caminho porque a luz fundamental vai despontar. O teu Lama já te mostrou esta

luz, a verdade em si, vazia e nua como o espaço sem limites e, não tendo centro, lúcido, é o espírito virgem e sem mancha. Eis o momento de reconhecê-la. Permanece, pois, nesta luz, e conhecerás a libertação.

O Lama vai repetir estas palavras várias vezes e cada uma delas tem a maior importância. Assim, o Lama não se dirige à pessoa como a um objeto ou a uma doença, mas a um "*nobre filho*" ou a uma "*nobre filha*". Lança um olhar sobre a pessoa doente, reconhecendo sua nobreza e sua dignidade humana. Isso é fundamental, porque para as pessoas gravemente atingidas pela doença muitas vezes a sua nobreza é invisível.

É importante que este olhar, além de respeitoso, seja de conhecimento e de amor. Reconhecer o outro em sua essência divina mesmo se sua aparência está completamente desfigurada, mesmo se os traços de beleza que o caracterizavam tenham desaparecido. Ter um olhar capaz de discernir a beleza invisível. Isso permitirá não identificar a pessoa com este cadáver que está se formando, pois ela não é somente o que eu posso ver, não é apenas a resultante do meu diagnóstico. Ela é, sobretudo, esta vida invisível que tenta abrir caminho nos meandros do sofrimento e da agonia.

Em seguida, o Lama chama a pessoa pelo nome. E isso é importante, pois o nome é a sua maneira única de encarnar a vida nesse mundo. Cada um de seus nomes é um eco do grande nome do Ser. O nome impronunciável, este Yod He Vav He, que quer dizer Eu Sou. Cada um de nós, em seu pequeno Eu Sou, é uma maneira de encarnar o grande Eu Sou. É pois fundamental que até a morte a pessoa seja reconhecida em sua forma, porque é através desta forma que o Sem-Forma se manifesta. É através desta vida mortal que a Grande Vida se manifesta. É através de nossos amores que passam que se encarna o Amor que não passa. É através desta vida que passa que se encarna a Vida que não passa. É preciso que isso seja respeitado.

Depois dessa palavra de reconhecimento e de respeito, que recentra a pessoa em sua nobreza e em sua dignidade de ser, ao mesmo tempo humana e divina, que substitui seu pequeno Eu Sou pelo Grande Eu Sou, o Lama lhe dará algumas indicações:

> Tua respiração vai cessar, vais morrer.

Em outras passagens o Lama diz que morrer é muito natural, que acontece a todos e nada se pode fazer para impedir. Mas pode-se fazer disso uma oportunidade de despertar e, em vez de sofrer sua morte, pode-se fazer dela o momento maior de sua vida.

O Lama diz:

> Não te lamentes, não te queixes. É chegado o momento de partir, não olhes para trás. Dirigirei teu olhar para a Pura Luz. Não tenhas medo desta Clara Luz que vai te aparecer, não tenhas medo.

Por que temos medo da Clara Luz? Porque esta Clara Luz é o sem limites e em nossa vida terrestre só conhecemos a luz pelos seus limites. Como já lhes disse anteriormente, neste mundo a consciência é sempre a consciência de alguma coisa. Consciência de um objeto interior ou de um objeto exterior. Na hora da morte entramos em uma consciência sem objetos, sem limites. É como um abismo, um turbilhão, sem referência alguma, que enche de medo algumas pessoas. É a experiência da vacuidade ou, na tradição cristã, do túmulo vazio. Quando Míriam de Magdala se inclina sobre o túmulo, ela mergulha nesse vazio. E a partir desse vazio fará a experiência do Ressuscitado.

Portanto, no momento da morte há este espaço a atravessar. Para os ocidentais a palavra vazio tem um sentido negativo. Não se trata aqui do vazio do deprimido, da falta de vitalidade ou de desejo; trata-se da experiência de um espaço que contém todas as coisas. Neste momento não vemos a luz e, portanto, é a luz que permite nos vermos. Neste momento é o espaço que permite estarmos juntos, aqui. O mais importante é, talvez, o que não podemos medir, aproveitar, compreender. E o momento da morte nos conduz para este silêncio da inteligência e do coração.

O Lama lembra que talvez nos tenhamos preparado para esta experiência através de exercícios de respiração e de silêncio, onde exercitávamos apenas ser. Ser sem fazer, sem pensar, simplesmente deixar ser o Ser. Como diz Mestre Eckhart: "Deixar Deus ser Deus em nós, deixar o Ser ser o Ser em nós". Deixar ser a consciência consciente em nós. Deixar ser a Luz no silêncio do nosso ser.

O Lama diz:

> Lembra-te disso. Em tua vida já conheceste lampejos disso, clarões do Grande Dia, do dia que é uma Grande Estrela. Na noite em que vivemos, já conhecemos algumas centelhas. Lembra-te disso para não teres medo. Porque lá entras no mundo do desconhecido.

Como Krishnamurti dizia muito bem, trata-se de passar do conhecido ao desconhecido. Durante a vida, é importante cativar o desconhecido. Como diz o Pequeno Príncipe, não se trata de domesticar a raposa, porque ela foge. Trata-se de cativá-la, porque então ela virá e ficará.

Creio que é preciso cativar a via do silêncio dentro de nós. Não por um ato de vontade, mas por um ato de disponibilidade que é, também, uma dimensão amorosa do coração. O Lama apela para todas estas antigas experiências que podem nos ajudar a não ter medo da Clara Luz, da vacuidade e do silêncio.

A Clara Luz é a Verdade. A palavra Verdade, em grego *aletheia*, quer dizer "sair do sono, sair da letargia". As palavras do Cristo, "Eu sou a Verdade (*Ego eimi aletheia*), poderiam ser traduzidas por "Eu estou Desperto". As pessoas que dizem ter a Verdade são perigosas. O convite não é para ter a Verdade, é para Despertar.

## *As projeções*

O texto insiste em que as aparições que o agonizante percebe são apenas projeções.

> Ai de mim, enquanto aparece em mim o estado intermediário, é preciso que eu reconheça que tudo aquilo que se eleva no meu espírito são minhas próprias projeções.

É muito importante, neste momento, a manifestação do *Bardo*, para que a pessoa não tema a legião de divindades pacificadoras e iradas que são suas próprias projeções.

O que são estas aparições? Jung se interessava muito por isso porque, para ele, estas aparições eram como uma ascensão da sombra. Tudo o que foi recalcado na existência, não somente os fatos negativos, mas também os positivos. Alguns de nós recalcaram um grande amor. Para o *Bardo Thodol*, o amor é uma divindade benfazeja e a paixão uma divindade irada. Portanto, as coisas positivas e negativas não foram vividas plenamente e há uma emergência da sombra pessoal. Segundo Jung, estariam também presentes as sombras familiar e coletiva.

Aparecem um certo número de fantasmas, pessoas cuja identidade a família escondeu e que, neste momento, se apresentam e tentam submergir o moribundo. Outras vezes, ocorrem fenômenos oriundos do inconsciente coletivo. Podemos citar, como exemplo, no inconsciente da pessoa que vai morrer, a presença do ditador de um país que encarnou um momento trágico da história, provocando nela um certo número de terrores. Vindos do inconsciente religioso, aparecem santos e demônios, divindades positivas e negativas. Além dos santos podem aparecer personagens que encarnam o mal, não somente neste mundo espaçotemporal, mas também no mundo intermediário.

Portanto, no momento da morte há uma travessia do inconsciente. Dos inconscientes pessoal, familiar, coletivo e mesmo do inconsciente cósmico. É difícil compreender, porque o que os agonizantes vivem nesse mistério de seu delírio (que nós chamamos delírio) é, algumas vezes, a transmutação de algo concernente à sua família, à sociedade em que ele viveu e que concerne também ao futuro do mundo.

Conheci uma pessoa que levava uma vida de muita santidade, de muita pureza e que teve uma morte extremamente dolorosa e difícil. No entanto, essa pessoa tinha se preparado muito bem para morrer. Após um momento de surpresa, compreendi que ela estava trabalhando em nível inconsciente. Que ela estava trabalhando em sua compaixão, tomando sobre ela um certo número de dificuldades da humanidade, para transformá-las.

Quando se estuda o *Bardo Thodol*, como já lhes disse, encontram-se descritos estados psicóticos. Nas tradições antigas, o psicótico era considerado uma pessoa sagrada porque, com suas antenas extremamente sensíveis, tomam a si fatos negativos e destruidores da sociedade em que vivem, expressando um certo número de sintomas que são os sintomas desta sociedade. Como se ele, em sua inocência e apesar de sua falta de mecanismos de defesa e de adaptação, tomasse em seus ombros a doença da sociedade e mesmo do universo. A experiência dos profissionais que trabalham com autistas e com psicóticos demonstra o sofrimento doloroso de suas vidas.

Creio que, no momento da morte, há uma passagem pelo núcleo psicótico do ser. Os acompanhantes não devem temer esse momento de loucura que a pessoa está vivendo, momento em que ela não é mais reconhecida, como se estivesse habitada por forças desconhecidas, que jamais experimentou antes. Observando seu rosto, notam-se expressões de violência e olhares muito duros. Em um momento ela é toda doçura, envolta numa luz maravilhosa, com uma grande abertura a todas as coisas e, de repente, passa ao outro extremo e se fecha. Além de observar, o acompanhante deve ter muito respeito com todas estas fases pelas quais passa o agonizante.

O *Bardo Thodol* diz que é preciso lembrar sem cessar a esta pessoa que tudo o que ela está vivendo são projeções de seu próprio espírito. Quando essas projeções são luminosas e maravilhosas, quando aparecem santos ou parentes que a precederam, ela não deve se apegar a esta visão como também não deve se apegar ou ter medo quando as visões forem desagradáveis. Uma pessoa que foi estuprada, por exemplo, pode, nesse momento, ter a impressão de sentir novamente o estuprador sobre ela. Idem, em casos de torturas passadas. Assim é o texto do *Bardo* sobre isso:

> Não tenhas medo. Tudo isso são projeções de teu espírito. Porém, a verdadeira natureza do teu espírito está além do que te atrai e além do que te faz medo. Reencontra tua equanimidade. Reencontra tua serenidade. E dirige teu espírito para a Clara Luz. Lá está a tua natureza verdadeira.

Assim se pode ajudar alguém, no momento de seu combate interior, a morrer em paz.

Então, resumindo, nesta última parte, o Lama dirige o pensamento daquele que vai morrer para a pura e clara luz, que é a essência do seu ser, sua natureza verdadeira, virgem e sem limites. Chegamos ao momento em que um certo número de memórias sobe à superfície e impede o acesso a essa vastidão, o vazio sendo preenchido com imagens e memórias positivas e negativas. Afirmamos que essas imagens e memórias pertencem não só ao inconsciente pessoal mas também ao inconsciente familiar, coletivo e cósmico. E que se trata de não ter medo destas aparições, considerando-as como simples projeções.

Do mesmo modo, quando um psicótico tem uma visão, o terapeuta considerará esta alucinação somente até o momento em que ele entende que é uma projeção. Lembro de uma pessoa que estava internada em um hospital psiquiátrico. Ela me contava que debaixo de sua cama havia uma enorme serpente. Inclinei-me sob o leito e nada vi. Mas os olhos dessa pessoa não mentiam para mim. Ela via realmente alguma coisa e essa visão era bem real. A imagem que se produziu interiormente era projetada no exterior e a sua retina guardava a marca dessa visão. Disse-lhe: "Vamos olhar juntos embaixo da cama para ver se a cobra é muito perigosa". Quando estávamos os dois embaixo da cama pude observar todos os sintomas de um medo enorme em sua pele e em seu rosto, com tremores, suores e pelos eriçados. Era um medo real. Aproximando-me do que ela olhava, embora nada visse, disse-lhe: "Olhe, ela não é tão má". Ela aproximou-se, protegendo-se com o meu corpo e, em certo momento, disse-me: "De fato, não é tão grave. Além disso, não a vejo mais, pois ela se foi".

Portanto, estas visões, estas aparições que o moribundo pode ver, são realidades. Nós, que estamos no exterior, só vemos seus efeitos, os efeitos psicossomáticos de seu terror. Não devemos negar as visões, mas sim acompanhar até a pessoa descobrir que elas são projeções suas. O livro do *Bardo Thodol* insiste sobre isso:

> Oh, nobre filho, se não reconheceres que todas estas aparições, agradáveis ou desagradáveis, são tuas próprias projeções, quaisquer que tenham sido as práticas que realizaste em tua vida, terás medo da luz, ficarás aterrorizado pelos sons. Se não reconheceres tudo isso como tuas próprias projeções, todos os ensinamentos que recebeste, todas as práticas que exercitaste e que foram as tuas, de nada te servirão.

Há nestas palavras uma insistência muito forte a nos lembrar que, no momento da morte, o problema é de identificação. Tomamos nossas identificações como nossa identidade. É verdade que, em nossa vida social, identificamo-nos com um papel ou com uma função e os tomamos por nossa identidade.

Por exemplo, o papel e a função da mãe, que são muito importantes, tornam-se uma identidade para algumas mulheres. E, quando seus filhos partem, têm uma crise de identidade, não sabendo existir como mulher já que foram somente mães. Da mesma maneira, alguns homens que exercem uma função social importante, quando se aposentam, quando o telefone não mais os solicita, quando não mais lhes pedem conselhos sobre o futuro do mundo, entram em uma depressão profunda porque estão identificados apenas com sua profissão ou com sua função. Não desenvolveram sua própria identidade.

No momento da morte desaparecem todas as nossas identificações e descobrimos nossa verdadeira identidade. Para algumas pessoas é uma travessia muito difícil porque estão apegadas a papéis, a personagens e a funções que desempenharam ao longo de suas vidas e que tomaram por si mesmas. E elas não são senão projeções, positivas ou negativas.

O que somos, porém, está além de tudo isso. As palavras do *Bardo Thodol* são uma maneira de nos ajudar a não nos identificarmos com as imagens espaçotemporais que temos de nós mesmos. E descobrirmos uma identidade sem imagens.

Na tradição zen diz-se que o momento do despertar está próximo quando, ao nos inclinarmos sobre um espelho, não enxergarmos nossa própria imagem. É preciso ter cuidado porque essa ausência de imagem pode ser tanto um sinal do despertar quanto um sinal de esquizofrenia. Nem sempre a perda de identidade é sinal do despertar. Assim como há um silêncio que é uma falha de comunicação, há um silêncio que é uma plenitude de comunhão. E não é o mesmo silêncio. Da mesma maneira, este estado de liberdade em relação às imagens não é uma perda de nossa identidade, mas a descoberta de nossa identidade além de todas as identificações que temos de nós e que os outros têm de nós.

O *Bardo Thodol* tem um estudo muito interessante sobre projeção e também um certo número de reflexões sobre o que chamamos atualmente de transferência e contratransferência. O que consideramos no outro, frequentemente, não é senão a projeção do nosso desejo e do nosso medo. O que amamos no outro não é ele mesmo e sim a imagem que temos dele. Depois de vivermos durante muito tempo com uma pessoa compreendemos que o que amamos nela é uma imagem dela mesma e que essa imagem dela é a nossa própria imagem. Em um determinado momento, no entanto, perdemos todas as nossas imagens e aí saberemos se amamos o outro verdadeiramente.

## *A subida dos venenos*

Nesta fase do acompanhamento dos agonizantes ocorre o que se denomina, na tradição tibetana, a *subida dos venenos*. Cada um destes venenos toma uma forma particular e pode se projetar sobre um rosto, um rosto que pertence à nossa história ou um rosto que pertence à nossa mitologia. Esses cinco venenos são: apego, aversão (raiva), cegueira, orgulho e inveja.

Cada uma destas tensões interiores pode aparecer, simbolicamente, sob uma ou outra forma. E o que o Lama propõe é colocar em frente a esta imagem a imagem contrária. Por exemplo, diante do apego ou da avidez, invocar a imagem do discernimento. Invocar em si mesmo esta inteligência que permite discernir, através das diferentes formas, a existência do que é verdadeiramente real. A inveja, por exemplo, pode tomar aspectos bem particulares em nosso inconsciente, pode ser um pássaro que nos devora o fígado, pode ser uma sombra que nos impede de ver o sol, pode ser uma corrente que nos impede de respirar.

Cada um, com sua forma, chama uma divindade irada. É preciso transformar esta imagem em sua forma contrária. A sombra é a luz retraída do mesmo modo como o carvão é o diamante. O diamante e o carvão têm a mesma natureza. O que é, pois, o diamante? É um carvão, um carbono, que recebeu um raio de luz. Todos nós somos carvões que nos transformamos em diamantes se acolhemos a luz. Entretanto nossa natureza continua a mesma, continuamos um carvão com a diferença de termos nos aberto à luz.

As divindades iradas, as formas de nossos pensamentos negativos ou de nossas memórias pessoais e coletivas, podem ser transformadas. O Lama propõe, então, que se coloque diante de cada aparição a aparição contrária, para que o contrário seja ultrapassado. E ir além da luz e da sombra, além da felicidade e da infelicidade, além da atração e da repulsão, em um mesmo tema que retorna sempre. Há coisas que nos atraem e coisas que nos repugnam. Não podemos transformar as coisas, mas podemos transformar a nossa atração ou a nossa repulsão em relação a elas, porque aí está a fonte da realidade que nós projetamos. Este é um conhecimento muito profundo do ser humano, de suas emoções, de suas projeções.

O que é preciso visar, *sempre*, é a libertação do contrário. Um dos sinais de maturidade em nossa vida ordinária é quando os contrários aparecem como complementares. Nesta visão, não se necessitam opor anjos e demônios, mas se necessita ultrapassar uns e outros. A divindade benevolente é tão perigosa quanto a divindade irascível. Ambas podem nos seduzir, imobilizar e nos deixar identificados com elas. O perigo, para aqueles que têm um caminho espiritual, não é o apego às riquezas materiais, mas o apego aos estados de consciência. Estados de consciência que se tomam pelo Absoluto levando-os a uma forma de idolatria sutil. É preciso estar atento a fim de não parar nessa fase e tentar ir além. Além, para ir além – é a mensagem do Buda.

## *O julgamento*

Chega, então, o momento do julgamento. Se a pessoa não faz a travessia para a Clara Luz, entra em estados de consciência que recordam o conhecido, os grandes arquétipos. Sua consciência aproxima-se do seu modo habitual de pensar na vida terrestre e, particularmente, em sua vida moral. O *Bardo Thodol* descreve muito bem este momento do julgamento. Estas imagens nós as reencontramos em todas as tradições – os atos e suas consequências (que chamamos de carma), as consequências negativas e as positivas de um certo número de atos. O Lama diz nesse momento:

> Não olhe nem um prato nem o outro prato da balança. Vá além do seu carma, seja ele positivo ou negativo. Lembre-se de que a Clara Luz está além das consequências dos seus atos.

É, pois, um processo que tem por finalidade a libertação do carma. A libertação de nossas memórias. Enquanto estivermos no espaço-tempo estamos nas memórias. O que chamo "eu" nada mais é do que um pacote de memórias. São todos os meus atos passados, todos os atos passados da família, da sociedade e do mundo nos quais vivi. Por isso o Buda dizia: "Se pudéssemos conhecer um único segundo de meditação verdadeira, todas as memórias, todos os carmas de nossas vidas anteriores seriam apagados". Porque este segundo de meditação não pertence mais ao tempo, escapou à cadeia de causas e efeitos, é livre em relação ao que se chama *samsara*.

O espírito da pessoa defunta, a energia que continua a subsistir, permanece ainda apegado não apenas às grandes imagens das quais falamos, mas a seus julgamentos que acabam de aparecer. A consciência ainda se retrai, aproxima-se do estado de consciência dito "ordinário" e esta hora é semelhante àquela em que um homem e uma mulher podem viver um encontro íntimo.

### *A volta possível*

Novamente a pessoa defunta procura um corpo no espaço-tempo. A alma não está mais na Clara Luz. Está em outra velocidade que se aproxima da velocidade da matéria. Não são mais os arquétipos que lhe aparecem, não são julgamentos éticos, são homens e mulheres na matéria.

A passagem seguinte pode nos parecer surpreendente. Se você deve se tornar homem, um homem do sexo masculino, você se vê macho e experimenta um sentimento de ódio em relação ao seu pai ao mesmo tempo em que experimenta uma atração ciumenta em relação à sua mãe. Se você, entretanto, deve se tornar uma mulher, você se vê fêmea, experimenta um ciúme odioso em relação à sua mãe e um sentimento de atração e de cobiça em relação ao seu pai. Nestas condições, óvulo e espermatozoide se encontram, nesta felicidade você desmaia e tudo recomeça. Este trecho pode parecer perturbador porque encontramos nele alguns elementos do mito de Édipo, bem estudado por Freud. Lembramos que ele foi escrito muito antes do advento da psicanálise.

Estamos no mundo psicossomático, no mundo psíquico e esta atitude de atração e de repulsão é, para o *Bardo Thodol*, um estado de queda e de infelicidade. É o estado de alguém que não pode aproveitar sua morte para reunir-se à sua natureza verdadeira e conhecer o despertar. Apesar disso o Lama continua, dizendo:

> Os seres, como eu, vão ainda errar no ciclo das existências em virtude de suas aversões e de suas atrações. Aquele que ainda experimenta atração e aversão deverá errar eternamente no ciclo das existências e mergulhar no oceano de sofrimento.
>
> É por isso, nobre amigo, que deves renunciar tanto quanto possível a atração e a repulsão. Tenta, de agora em diante, não mais odiar e não mais cobiçar. É esta via que te conduzirá à via do despertar.

## Uma explicação contemporânea

Talvez pudéssemos resumir o itinerário do *Bardo Thodol* através de uma imagem. Há o momento do nascimento, a entrada no espaço-tempo e a identificação com o corpo da mãe. Depois, durante a evolução, é preciso sair da identificação com o corpo materno, descobrir o próprio corpo como sendo diferente daquele da mãe, é a fase que se denomina estágio oral. Em seguida, é preciso descobrir que não se é somente esse corpo, descobrir que o corpo lhe escapa e se decompõe – é o estágio anal, tão difícil para a criança. Ela descobrirá depois que não é simplesmente um corpo e que tem uma vida interior. Esta vida interior será frequentemente identificada com a visão que seus pais têm dela.

Passando mais rapidamente pelos estágios, poderia falar de uma *consciência matricial*, de uma *consciência oral*, de uma *consciência anal*, de uma *consciência genital*. Esta última é uma etapa importante porque permite a diferenciação e para algumas crianças não fica muito clara a aceitação de seu sexo, se masculino ou feminino. É neste estágio que a atitude dos pais pode ajudar ou, pelo contrário, deixar a criança em grande confusão, como, por exemplo, em casos de incesto consumado ou que está no clima psíquico de algumas relações.

O que vocês podem observar é que um ser humano cresce morrendo para uma imagem dele mesmo. É um processo de morte e de renascimento. Morro para um estado de mim mesmo com o qual me identifico, para ter acesso a um estado de consciência mais elevado. Lembro o caso da *consciência parental* em que nos identificamos à imagem que nossos pais têm de nós. É preciso sair dela, ir além do que Freud chamou de superego ou do que Jung chamou *persona*.

A consciência procura sempre um suporte, um lugar de identificação e se não é mais a consciência parental será a *consciência social*, isto é, a imagem da mulher ou do homem de sucesso na sociedade. É claro que isso varia de país a país e de acordo com os critérios em jogo. Mas se estou à escuta do desejo da vida que me habita, devo deixar todas essas capas para chegar ao que se poderia chamar de *consciência autônoma*, onde não mais procuro agradar nem a meus pais nem à sociedade, nem a meus instintos primitivos. Meus atos serão dirigidos pela lucidez, pela consciência que me habita qualquer que seja o julgamento do mundo que me cerca. Este estado de consciência é já bem elevado, um estado de grande liberdade interior e é no cerne desta liberdade que eu descubro a "*consciência do* self". Não sou eu que decido, é a Grande Vida que decide em mim.

A partir desse momento não falamos mais da consciência de ego, mas da consciência do *self* que vai nos conduzir à *consciência pura* que o *Bardo Thodol* chama de Clara Luz e a tradição hindu refere como *moksha*.

O que o *Bardo Thodol* nos diz é que, no momento da morte, qualquer que seja o estado de consciência em que a pessoa esteja, ela pode saltar para a consciência pura. Mesmo que esteja em um estado de consciência infantil, bloqueada no estado oral, com dificuldades muito patológicas, no momento da morte haverá uma entrada para a Clara Luz. Por isso os antigos diziam que em qualquer estágio de evolução, no momento da morte todos nós temos a chance de despertar, todos nós temos a possibilidade de mergulhar no infinito real.

O que descrevemos no *Bardo Thodol* não é a fase evolutiva do ser, é a fase involutiva. Quando não é possível permanecer nesta consciência pura dizemos à pessoa que ela entrou no mundo dos arquétipos, das divindades iradas e das divindades benevolentes. Em seguida, ela entra no mundo dos julgamentos e pode sentir uma espécie de correspondência entre o universo de consciência que desenvolveu nesta vida e o que lhe aparece no momento da morte. Se desenvolveu a consciência do *self*, algumas imagens da divindade e do Absoluto, estas imagens lhe aparecem no momento da morte. Mas, se fica unicamente em um universo moral onde se opõem o bem e o mal, são estas imagens de julgamento que vão lhe aparecer. Se, durante a vida, só desenvolveu apegos aos prazeres materiais, sejam eles de nível genital ou oral, são estas imagens que vão lhe aparecer.

Tudo acontece como em certos sonhos que temos. Nossos sonhos nos informam sobre o que habita na profundeza de nosso inconsciente. Conscientemente podemos ter uma atitude muito casta e doce mas durante a noite somos sensuais e violentos com nossos amigos. O sonho revela esta parte de nós mesmos que não integramos. No momento da morte este inconsciente aparece em toda sua nudez. Quanto mais forte o apego à matéria, maior é a aproximação do mundo do espaço-tempo. Um corpo é procurado, é procurada uma matéria onde possa novamente existir.

Por isso, em uma experiência que pode ser a nossa, temos por vezes a impressão de sermos habitados, de sermos possuídos por espíritos, por pensamentos que não são os nossos. A memória é energia, a energia tem necessidade da matéria como suporte. Algumas vezes, a energia se serve do suporte de nossa matéria, para existir. Sentimo-nos habitados por alguém estranho e poderíamos chamar este fato de *parasitismo*.

Em outros casos somos capazes de integrar estas memórias que se tornam, então, memórias da humanidade. O nosso corpo guarda memórias do que se passou na Idade Média, na época do Cristo, do tempo das pirâmides. A física nos diz que somos poeira de estrelas... Temos em nós a memória do mundo e podemos ser possuídos, identificados por esta poeira de estrelas e por estas memórias muito antigas. Existe o risco de perdermos nossa identidade verdadeira e querer repetir o que vivemos em outra vida.

Aqueles que acompanham pessoas doentes e que têm dificuldades com estas questões têm um trabalho muito próximo àquele do Lama acompanhante dos moribundos, que é ajudá-los a dissolver as memórias que os habitam (que eles chamam, às vezes, de uma vida anterior) para que possam, enfim, viver sua própria vida.

E que esta vida seja a oportunidade de uma evolução e, mais que uma evolução, uma entrada no mundo do despertar.

*Reencarnação e ressurreição*

Neste ponto, é preciso determinar muito bem o que entendemos por *reencarnação* e por *ressurreição*.

Queremos falar destas palavras sem fazer referência à tradição cristã da ressurreição, pois elas são também uma referência nas tradições da Índia e do budismo.

Partiremos desta linha que representa o despertar e a libertação. Escolham a palavra que quiserem: despertar, nirvana, libertação, salvação, *moksha*, ágape, amor infinito e incondicional, infinito, eterno, ou o que considerem como essencial. O próprio sentido de suas vidas e, mais que o sentido, a realidade de suas vidas. O que não morre no coração da vida mortal. O que se chama "o Incriado". Em qualquer tradição, esta é a finalidade. Para atingir esta finalidade há caminhos verticais, caminhos abruptos como os de uma montanha, caminhos suaves, mas o objetivo é o mesmo.

Quando falamos de *reencarnação*, damos a essa palavra significados diferentes. Numa *representação horizontal ou visão cíclica*, passamos de uma vida para outra vida, mudamos de vestimenta, mudamos de corpo, mudamos de pensamentos, mas isso continua. Não há, realmente, evolução. Poderíamos chamar de "o eterno retorno do igual", em que nada se perde e tudo se transforma. Para alguns, essa explicação é suficiente para fornecer um sentido às suas vidas. O que não fiz nesta vida, farei em outra. É um eterno recomeço que nos aproxima de um "mecanismo de repetição". Como diz o Qohelet (na Bíblia), não há nada de novo sob o sol, o que foi será e o que será retornará novamente. Uma visão cíclica em que, propriamente falando, não existe evolução.

Uma outra visão é a "*visão oblíqua*". Se estou nesta existência em consequência de meus atos positivos, posso renascer para uma vida superior com uma condição material também superior e assim seguirei, de vida em vida, até o momento da libertação. O sistema de castas hindu está fundamentado nesta visão. Dependendo dos meus atos passados nasço em uma família pobre ou rica, nasço com grande inteligência ou com uma enfermidade mental (ou física). Estas são as consequências sociais de uma crença. Na Índia, nesta explicação pelo carma, por exemplo, não se trata de sair de sua casta, de se revoltar com a sua condição mas, aceitando sua condição, ter a esperança de renascer em uma vida melhor. Podemos não estar de acordo com esta visão do mundo, entretanto, é preciso ver como ela estruturou toda a sociedade de um país e como ela ainda subsiste e permanece viva mesmo após a abolição das castas, depois da morte de Gandhi.

Falamos disso anteriormente. Sou o resultado de meus atos passados. Não acuso ninguém mas se aceito o pacote de memórias que sou, posso evoluir de vida em vida até chegar à *moksha,* à libertação. Nesta visão há um outro extremo. Se cometo nesta vida, por exemplo, atos nefastos e criminosos, em uma outra vida voltarei em um estado inferior. Há, nessa visão, uma espécie de lógica, a lógica da justiça. O bom e o mau não podem ter o mesmo destino. E este tipo de explicação é um esforço para dar sentido ao que nos acontece e pode não nos satisfazer.

A terceira representação é a de uma "*visão vertical*" em que é possível um despertar, a partir desta vida. Em sânscrito, temos duas expressões. Na primeira, temos aquele que *punar jatman*, isto é, que está de volta ou *back again*. Esta visão não oferece nada de positivo porque oferece apenas um eterno recomeço neste mundo de sofrimento. Na segunda, a finalidade é ser *dvija*, duas vezes nascido, *born again*. Há todo um ritual onde se diz do sábio que ele nasceu duas vezes, nasceu do seu pai e da sua mãe, nasceu na sociedade e também despertou para este novo nascimento, para este estado desperto.

Esta expressão "nascido duas vezes", nós a traduziremos pela palavra *ressurreição*, *anastasis*. A etimologia da palavra *anastasis* é "no alto" – nascer no alto, não somente na terra mas nascer, também, no céu. Reencontramos esta tradição no budismo.

O Dalai Lama explicou-me que há uma dupla verdade, a verdade relativa e a verdade absoluta. A verdade relativa é a doutrina da reencarnação, que é útil e popular, mas pertence ainda ao mundo da ilusão. Quando a vida é prolongada, quer seja em uma visão horizontal ou oblíqua, chega-se sempre ao mundo da ilusão. Penso no que dizia Ramana Mahashi quando lhe perguntavam onde ele iria após sua morte ou qual seria sua vida futura. Ele respondia: "Vou para onde sempre estive". Assim fala um "duas vezes nascido", alguém que entrou na verdade absoluta. Ele vai para onde sempre esteve, vai para este mundo do despertar, do nirvana, do absoluto, qualquer que seja o nome que se lhe dê.

No mundo relativo, em que estamos neste momento, existe essa possibilidade de despertarmos ao mundo absoluto. Volto a falar das palavras do Buda quando diz que um segundo de meditação verdadeira neste mundo relativo pode nos abrir para o mundo absoluto.

Em tibetano, traduz-se reencarnação por emanação. Um dia pedi ao Dalai Lama que me falasse de sua experiência de reencarnação e ele, começando a rir com o seu bonito riso tão conhecido de todos, tentou fazer-me compreender o que ele entendia por emanação. Citou-me o exemplo de São Francisco de Assis dizendo-me: "Um franciscano deve encarnar as qualidades de São Francisco. Um cristão (e sorria amavelmente...) deveria encarnar as qualidades do Cristo, ser um outro Cristo". E diz que, para ele, o sentido de sua vida, sua função no mundo e, sobretudo, sua função para o Tibete, seria a de encarnar as qualidades do Buda

Tcherenzi, particularmente as qualidades da compaixão. A isso ele chama de emanação que seria um raio de sol, deste sol único que é o despertar, o qual ilumina e habita aquele que é completamente receptivo no mundo do espaço-tempo. Por isso, toda a educação recebida por um Dalai Lama tem a finalidade de torná-lo cada vez mais receptivo a esta qualidade de compaixão e de *prajna*, de conhecimento, que ele deve encarnar.

Esta visão não é a de um corpo ou de uma individualidade que passa a uma outra individualidade, visão que às vezes encontramos no Ocidente e que não tem fundamento tradicional. Nas tradições do Oriente, e sobre elas insistimos particularmente, a finalidade não é a reencarnação, nem mesmo uma melhor reencarnação porque levaria apenas a uma melhor ilusão, como refere René Guénon. A finalidade é sair da ilusão. A finalidade é a ressurreição.

Não é necessário opor uma ideia a outra. O que é preciso é aceitar o lugar e o estágio onde estamos. Em algum momento de nossas vidas a explicação pela reencarnação pode nos ajudar, mas esta reencarnação diz sempre respeito às memórias que se acumulam e das quais devemos nos libertar. A finalidade de um caminho de despertar é a libertação do nosso pacote de memórias, dessas memórias que acumulamos em nossa vida ou que nos foram transmitidas pelo código genético e que pertencem à memória da humanidade. E este é um longo caminho...

Não é necessário, também, opor uma tradição a outra. Se estamos em um quarto escuro, não é importante se abrimos a janela do ocidente ou do oriente. O importante é que o quarto se encha de luz. No momento atual temos necessidade de todas as luzes, das luzes que vêm do ocidente e que vêm do oriente, da que vem da tradição, da que vem da ciência e da modernidade para que o nosso caminho seja mais iluminado. É preciso, porém, aceitar que somos mais sensíveis a determinada linguagem.

Para algumas pessoas a linguagem do cristianismo é mais familiar do que aquela da pesquisa científica ou das tradições orientais. Mas não há outra realidade que a realidade. É preciso que encontremos no cristianismo a realidade da qual nos falam os santos e os sábios do Oriente. Na tradição dos evangelhos, chama-se Vida Eterna ou Amor Eterno à libertação (salvação), ao despertar, ao nirvana. Este é um caminho vertical em que se falará muito mais da ressurreição do que da reencarnação. É neste caminho vertical que encontraremos o caminho de transformação. Não se pode negar a explicação pela reencarnação, mas damos preferência à explicação pela ressurreição.

Reencontramos, neste ponto, o mesmo problema. Como passar, sem transformação, do mundo relativo para o mundo absoluto? Podemos explicar a transformação na passagem de uma vida a outra, com a passagem pelo "purgatório", isto é, a passagem pelos mundos intermediários. Estes mundos intermediários, nos textos tibetanos, são chamados familiarmente de "mundos entre-dois". O *Bardo* é um exemplo do "entre-dois", entre o mundo relativo e o mundo absoluto. Um mundo que participa, ao mesmo tempo, da pura luz e do peso da matéria e que se chamará de "o mundo das almas defuntas" ou das "almas errantes".

No momento da morte, a informação que anima os átomos e as moléculas cessa de informar o corpo. O corpo a partir de agora não é mais um corpo, é um cadáver. Pois não há corpo sem alma e um corpo sem alma é um cadáver. Mas em que se transforma esta alma? Alguns afirmam que a alma fica, por um certo período, perto do corpo. Por isso é importante medir as palavras junto do corpo de alguém que acaba de morrer. Pessoas que tiveram morte clínica e foram reanimadas dão testemunho do que se passa no aposento e da reação das pessoas presentes.

# O Livro cristão dos mortos

**Introdução**

Na tradição cristã, lembramos a importância dos três dias, dos três passos-tempo necessários para que a alma se distancie do corpo que ela animou. Aqueles que cercam o corpo têm responsabilidade no que diz respeito, tanto à retenção da alma, quanto a agradecê-la por todo o tempo vivido com ela e, com muito amor, convidá-la a ir para sua luz. *"Vá para sua luz! Vá para o Si mesmo! Vá para Deus que lhe deu a vida!* Isso requer, da parte daquele que fica neste mundo relativo, uma grande confiança e um grande amor por aquele que acaba de deixá-lo. E se é capaz desta confiança e deste amor, se sentirá também carregado em direção à Luz.

A morte de um ser que nos foi muito caro não foi vivida na tristeza. Havia uma alegria estranha, uma paz desconhecida e nossos amigos estavam surpresos. Diziam eles: "Você não chora?" Respondi-lhes: "Chorarei mais tarde". Mas, nesse instante, é como se fôssemos levados pela luz dessa pessoa. Pôde-se ver a luz deixar seu corpo e nos arrastar para uma outra consciência. Foi um momento muito bonito e muitos não crentes já vivenciaram momentos semelhantes. Depois vem a tristeza, a dor da separação, da ausência. Mas esta tristeza é a nossa tristeza, enquanto que o nosso amor por essa pessoa a convida a ir na direção de sua própria ressurreição.

Dessa maneira, o acompanhamento dos mortos no cristianismo está orientado pela luz da ressurreição e, como dissemos anteriormente, não é o momento de acertar contas ou de julgar culpados. O momento é de perdão, de não mais fechá-lo nas consequências negativas de seus atos. *"Você me abandonou quando eu era criança, você me fez sofrer muito, você me enganou, mas você é maior que isso. Você é, também, uma Luz. Eu o conheci na matéria e seus gestos me fizeram mal, seus olhos me feriram, mas seu olhar vai mais longe que isso".* O momento é de perdão. E se alguém foi muito doce para comigo poderei dizer: *"Fui muito feliz em seus braços. Cada um de seus sorrisos moviam o céu e, de agora em diante, onde encontrarei uma janela luminosa? Mas vá, vá! Você é um pássaro, você foi feito para os grandes espaços, não posso lhe manter prisioneiro, preso à gaiola do meu coração..."* É claro que nestes últimos instantes não temos todas estas palavras, mas as nossas emoções tão íntimas podem acompanhar o agonizante em direção à sua ressurreição.

Porém, é preciso observar algo: sobre o rosto do moribundo está estampada a agonia, palavra que em grego quer dizer combate. O *Livro cristão dos mortos* fala-nos deste combate com o passado, com as memórias, com todo este inconsciente pessoal, familiar e coletivo a atravessar. Do mesmo modo aí estão o inconsciente cósmico, o mundo dos anjos e demônios que correspondem às divindades benevolentes e iradas, a luz e a sombra, tudo o que habita em todo homem na sua profundeza. O combate se dá ao nível dos arquétipos e o *Livro cristão dos mortos* o situa nesse momento chamado de purgatório. Não sei se purgatório é uma palavra justa, mas ela indica um ato de purificação, um ato de transformação. A doutrina da reencarnação refere a purificação de vida em vida, enquanto que aqui a purificação se situa no mundo intermediário.

É muito importante, portanto, que o acompanhante compreenda o que se passa a fim de encaminhar a pessoa em direção à sua luz, ajudando-a a atravessar essas imagens, essas memórias, essas forças que, no momento, a transpassam.

Entraremos em detalhes meditando sobre o *Livro cristão dos mortos*, um texto do século XIV que retoma textos mais antigos e descreve o momento da morte como uma sequência de *perasmos* (palavra grega que significa provação). A provação tem uma função muito importante de acordar em nós a consciência. Os antigos dizem que sem provação é impossível o crescimento. A oração do Pai-nosso não pede para nos libertarmos das provações e das tentações, mas pede para não sucumbirmos às mesmas – uma nuance importante...

## Uma oportunidade de crescimento

Assim, o que é preciso pedir é a força, a inteligência, o amor, a fim de fazer da provação uma oportunidade de consciência, uma oportunidade de revelação do nosso ser como sujeito.

A este propósito lembrem-se da passagem do Evangelho, do cego de nascença. Os discípulos perguntam a Jesus: "Quem pecou? Quem é a causa de seu sofrimento, de sua infelicidade?" Por trás destas perguntas pode-se escutar: Quem é o culpado? Procuramos muitas vezes uma causa para nosso sofrimento e procuramos, sobretudo, um culpado, alguém a quem acusar. O culpado é ele próprio ou são seus pais? Com isso eles colocam as questões que levantamos anteriormente. Se nasceu cego, talvez, em uma vida anterior, seu olhar tenha causado mal e esta enfermidade é a consequência de seus atos passados, de sua vida passada. Por outro lado, nasceu cego por uma imperfeição em seu código genético e, nesse caso, são seus pais os culpados já que lhe transmitiram tal imperfeição. Estas são diferentes formas de explicar o sofrimento absurdo, o sofrimento do inocente, a injustiça.

Por que isso lhe aconteceu? É sua culpa? É culpa de seus pais? Jesus responde: "Nem dele nem de seus pais". É importante que ele tenha respondido dessa maneira. Se fosse "sua culpa", esta culpa viria de uma vida anterior ou de uma vida anterior à anterior. A causa de sua enfermidade teria que ser procurada cada vez mais longe. Com honestidade, indo até o final desta reflexão, seria preciso ir até a causa primeira e talvez esta busca não tivesse fim. Se Jesus tivesse dito que a culpa era de seus pais, seria preciso perguntar por quê. Porque se os pais transmitiram esta má-formação talvez os avós sejam os culpados, ou os bisavós ou os tataravós. Novamente iríamos até a causa primeira.

Jesus parece nos dizer: "Vocês não têm tempo a perder". É importante conhecer a causa da doença, dar um diagnóstico, mas não passe aí toda sua vida. Por que passar toda a vida pesquisando a origem de malformações em vidas anteriores, no código genético? Parem de procurar a causa e, sobretudo, parem de procurar o culpado. Neste momento você está doente ou está cego ou tem um câncer. Neste momento você está vivenciando um luto, uma perda, uma separação. A questão é o que é que você quer fazer com esta provação.

E Jesus continua, dizendo que esta doença existe para que seja manifestada a glória de Deus. É estranho, por vezes insuportável, a escuta destas palavras. O que é a glória de Deus? Em hebraico, glória é *Davod*, que quer dizer o peso, o valor da presença, o peso da consciência. A doença, a provação, chegaram para manifestar no indivíduo o peso da consciência, para manifestar nele o peso do sujeito. A pessoa não é objeto dos seus sintomas, ela é o sujeito dos seus sintomas. O que ela fará desta doença? O que fará deste divórcio? Deste luto? Eis a questão. E o que acontece neste momento, se falamos a linguagem do cristianismo, é uma oportunidade de crescimento em consciência, a oportunidade de se tornar um sujeito, um ser livre, um Filho de Deus.

## As provações

Na vida de cada um existe a provação e o objetivo da provação é o crescimento, é adquirir o peso do sujeito e o peso da consciência dentro de si. No momento da morte cada um é pesado, avaliado. E as provações são um condensado de tudo o que cada um viveu na família, na sociedade, e uma oportunidade de manifestar a presença da consciência. A consciência daquele que morre é maior que o corpo que morre.

A *primeira provação é a dúvida*, o chamado demônio da dúvida. Este demônio expressa uma espécie de escárnio, um riso diabólico que escarnece do que há de melhor no indivíduo, que zomba da vida, que despreza o amor e o trespassa de uma grande dúvida. Não é a dúvida do cético, não é a dúvida inteligente, é uma dúvida totalmente destrutiva. De repente ele sente que sua vida de nada serviu, que foram mentiras o que lhe contaram nas igrejas e nas escolas. Sente que Deus não existe, que só a morte existe. Essa provação é muito forte e o acompanhante sente, no rosto e no corpo do agonizante, esse movimento de fechamento, de recusa. O acompanhante, neste momento, não falará de Deus ou de espiritualidade porque ele se fechará cada vez mais. É preciso, diante do demônio da dúvida, chamar o *anjo da fé*. O anjo da fé é a adesão do coração ao desconhecido que o envolve, é a adesão e a confiança para com algo que ultrapassa a sua compreensão. Se isso não é compreensível é, entretanto, pleno de sentido. O papel do acompanhante não é dar explicações, mas ajudar a pessoa a descobrir o sentido, a descobrir este anjo do sentido que se invoca sobre a pessoa.

O nome do demônio em hebraico é *Shatan*, que quer dizer obstáculo, aquele que faz obstáculo à luz, que faz obstáculo à beleza. E este obstáculo levará o agonizante a um outro demônio, a uma outra provação que é a *provação do desespero*. O desespero inclui a depressão no sentido psicológico do termo. O agonizante não acredita em mais nada, não tem em que se apoiar, nenhuma certeza, nenhuma consolação. Em pessoas muito religiosas pode ocorrer o desespero espiritual, no qual têm a impressão de estarem condenadas, que sua vida foi inútil e que não será o amor que irá acolhê-los.

Acompanhei a passagem de um pastor, amigo meu. Depois de momentos terríveis de luta ele me disse: "Não creio mais no Cristo. Tudo o que ensinei na minha vida foi falso. Fui apenas um tagarela. Vejo que tudo o que eu ensinei, tudo o que eu disse foram mentiras, o Cristo não existiu". Seu desespero era terrível e eu lhe respondi: "Alegre-se, porque o que você está perdendo, neste momento, não é o Cristo, é um ídolo de Cristo, uma imagem do Cristo. É verdade que tudo o que você ensinou foram apenas palavras e imagens, pois a realidade do Cristo é bem maior que tudo isso. Não se espante de ver, no momento de sua morte, tudo isso desmoronar, porque o que desmorona são seus ídolos, são suas ilusões, são suas ideias. A realidade não pode ser destruída. As suas imagens da vida, suas representações da vida desabarão, mas a sua vida continua".

Vi o combate deste homem entre o demônio do desespero, que o conduzia para o suicídio, e o *anjo da esperança*. Sentia quase fisicamente que, em determinado momento, era o anjo da esperança que o arrebatava. Ele aceitou perder todas as suas representações, aceitou o vazio de todas as imagens e, em sua atitude, senti que ele reencontrava a essência daquilo que sempre crera. Perdia suas crenças para descobrir a fé. Perdia suas esperanças, todas as suas expectativas, o pensamento de que no momento de sua morte o Cristo se manifestaria a ele, que teria visões, consolações, que seus pais o acolheriam, tal como lera nos livros ou como sempre fora ensinado. Todo o cenário construído, todo o cinema magnífico e, de repente, a tela rasgada.

E o que lhe apareceu então era muito mais belo, muito maior que todo o cenário, que todo o cinema. Foi preciso fazer a travessia do dilaceramento, da perda dos seus ídolos, de suas ilusões. Ele não tinha nada a perder, só suas ilusões. O real, a verdadeira vida, nada nem pessoa alguma poderiam lhe tirar.

Estas provações que chamamos demônios, que chamamos *Shatan* ou obstáculos, são também instrumentos de Deus para verificar a fé e a esperança que estão em nós. São testes que verificam se realmente estamos apegados à realidade ou se estamos identificados às imagens e às ilusões.

Há uma terceira provação vivenciada no momento da morte, que os antigos chamam de *avareza*. A palavra é estranha neste contexto porque significa a apropriação do ter. Não se deve opor ser e ter, mas deve-se opor ser e avaro, porque o ter em si mesmo é uma boa coisa, o ter pode transformar-se em ser se formos capazes de compartilhá-lo, de doá-lo. Ter dinheiro não é uma coisa má, tudo depende do que fazemos dele. Se o guardamos para nosso uso pode tornar-se um peso, uma energia que pode nos queimar. Se soubermos fazer circular e frutificar o que temos, essa energia nos iluminará.

Então, a oposição não está entre o ser e o ter, mas entre o ser e o avaro. A avareza é realmente um obstáculo, um demônio, pois impede em nós a fruição da generosidade. A vida é generosa, a vida é doação e nós só perdemos o que não doamos. Ninguém pode nos tirar o que doamos e é por isso que eu amo muito esta palavra do Cristo: "Minha vida não é tirada de mim, sou eu que a dou".

Não se deve nunca lamentar o ter amado. Mesmo que tenha amado uma única vez que seja, um homem, uma mulher, uma criança, um cão, um gato ou uma planta, o que se amou a morte não pode tirar. Entretanto, no momento da morte há uma maneira de agarrar-se, não apenas aos lençóis ou aos braços das pessoas acompanhantes, mas agarrar-se às riquezas que se possui, às casas, às ideias, aos conceitos.

Um grande financista amigo meu, estando em fase terminal de câncer, todos os dias pedia-me para ler-lhe o pregão da Bolsa. Um dia eu lhe disse: "Podemos falar de outro assunto? Posso fazer-lhe uma leitura que não seja a do pregão?" Respondeu-me ele que não, o pregão da Bolsa era o único assunto que o interessava. Mostrou-me, sobre a cama, uma pequena calculadora e mantinha-se continuamente em conexão com seu cofre-forte. Sentindo-me nervoso e cansado, fecho o jornal e digo-lhe: "Nunca vi um cofre-forte chorar por alguém, em um enterro..." Ambos estávamos descontentes e saí. Passei o dia um pouco inquieto porque não tivera paciência, pelo absurdo que era ver uma pessoa preparar-se para morrer lendo pregões da Bolsa e porque eu devia ter respeitado o meu amigo. No dia seguinte voltei a visitá-lo. Abri com cautela a porta de seu quarto e vi-o sorridente. Ao ver-me fez um som com os lábios, como o de abrir uma garrafa de champanhe, e pediu champanhe. Ofereceu a bebida a todos os criados, a todas as pessoas do hospital. Embora tivesse sido capaz de beber somente algumas gotas, sentia-se feliz, e assim morreu porque tinha reencontrado a generosidade em seu coração. Tinha encontrado o *anjo da generosidade* que o livrou do demônio da avareza, que o livrou de agarrar-se até o último minuto àquilo que a morte iria arrancar-lhe. A morte só não leva de nós a capacidade de doação, de generosidade.

Em seguida vem uma quarta provação e, da mesma maneira, o acompanhante não deve julgar o agonizante, mas ajudá-lo a libertar-se das memórias que o habitam. Estas memórias, geralmente depressivas ou possessivas, podem ser substituídas por outras mais felizes. O acompanhante chamará espíritos de luz e de paz. Esta quarta provação é bem difícil de viver – a *provação da impaciência*. Se vocês já sofreram de alguma doença grave sabem do que se trata. O enfermo sente que ele pode sofrer contanto que não seja por muito tempo. E, algumas vezes, o tempo de doença é longo. Não pode dormir à noite, a cama não está confortável, vivencia momentos de cólera, tem vontade de desligar os aparelhos e, em vez de acolher os amigos visitantes com alegria, quer mandá-los embora. É importante permitir que esta impaciência e esta cólera sejam expressadas; que seja expressada esta impressão, que tem o enfermo, de que esse tempo não terminará nunca e que é preciso fazer algo para que este tempo passe logo.

É neste momento que cabe ao acompanhante chamar o *anjo da paciência*, um anjo muito bonito do qual temos necessidade não só no momento da morte, mas em todos os momentos de nossa vida. A paciência nos permite não nos identificarmos com o que nos acontece, mesmo porque, no nosso íntimo, temos a certeza de que esta provação não durará para sempre. Não há dor eterna, isso passará.

O tempo da paciência é muito especial. É um tempo intermediário que não se pode medir pelo relógio. Não é um tempo de êxtase, e sim um tempo longo ou um tempo redondo. É preciso passar do tempo longo para o tempo redondo, que é o tempo do instante. O anjo da paciência ajudará o enfermo a viver o instante. Instante após instante. Essa vivência é muito interessante porque se o enfermo tem dor e está completamente presente a essa dor, ela se torna suportável e é possível fazer sua travessia. Quando se tem dor, entretanto, colocamos o mental sobre ela, observando a consequência dessa dor ou o que ela requer de nós. Ajuntamos dor à dor e isso se torna insuportável.

Portanto, é preciso despertar em nós ou na pessoa que estamos acompanhando este anjo da paciência, este anjo do presente, que não se projeta no futuro. Como diz o Evangelho: "A cada instante basta a sua pena, a cada dor basta sua dor". Não é preciso acrescentar mais nada. Coloco um pé diante do outro e é assim que avançarei.

A quinta tentação, que pode parecer bizarra, é a *vaidade*. Todos nós conhecemos pessoas que não querem que seus fracassos sejam do conhecimento de seu próximo. Assim, recusam ver seus filhos porque não querem que eles vejam seu estado e sim, que guardem deles uma bela imagem. Este demônio tem uma imagem toda particular, é muito narcisista.

Há cerca de quinze dias estava em Nova York e me espantava pela maneira com que alguns habitantes dessa cidade tentavam esconder a morte a qualquer preço. Um defunto estava sendo velado, seu aspecto era de uma pessoa muito bem cuidada, muito bem maquilada. Em dado momento, um de seus amigos se aproximou, colocou um cigarro entre seus lábios e fez menção de acendê-lo. Sintam o lado mórbido deste fato. A pessoa estava sendo sincera, não queria encarar a morte, não queria crer que seu amigo morrera.

Neste momento, em que existe um verdadeiro obstáculo, é preciso chamar o *anjo da humildade*. Humildade, húmus, terra... Ele nos leva a aceitar nossos limites, oferecer ao nosso próximo o testemunho de uma morte que não é heroica, não é ideal, mas é muito humana. Creio que este é um verdadeiro presente que podemos fazer ao nosso próximo. Como quando éramos crianças e nossa mãe podia nos mostrar suas imperfeições, dizer que estava cansada, que hoje nós a aborrecêramos e que ela não nos amava mais, embora essas palavras não impedissem que ela nos amasse muito. É muito importante mostrar ao outro seus limites e mostrar, no momento da morte, seu lado vulnerável.

Penso no grande amigo e mestre que era Gräf Durckheim, sobre o qual muitos de seus discípulos tinham projetado um ideal. No momento de sua morte mostrou-se completamente humano, com toda sua impaciência e cólera, libertando-nos assim da imagem que tínhamos da morte de um sábio, de uma morte sublime. E nos mostrou que, até o fim, o importante é a transformação. Que o mestre não é uma pessoa, o mestre é o trabalho e um verdadeiro mestre nunca deixa que se apeguem a ele, mas prende os discípulos a um trabalho que têm a fazer. A mim, que vivia muito nesta transferência, no ideal do *self* que eu projetava, ele mostrou que era preciso procurar o *self* no interior e não no exterior. Mostrou que nosso mestre é nosso trabalho e nossa transformação.

É por isso que Jesus diz: "Não chame ninguém de Mestre". Não se torne dependente de uma pessoa. Não procure reproduzir uma imagem mas se torne realmente aquilo que você é. Que o seu guia seja sua transformação. E no momento de nossa morte podemos libertar aqueles que nos amam da imagem que têm de nós mesmos, dizendo-lhes: "Não sou tão sábio quanto você pensa, mas também não sou tão mau quanto você crê. Enganei você, mas também é verdade que sempre te amei".

O momento da morte é o momento da verdade. É o momento em que, enfim, pode-se tirar todas as máscaras, tanto as positivas quanto as negativas, para mostrar a verdadeira face. Alguns não têm coragem de ver sua verdadeira face. Não querem ver seu pai, tão inteligente, perdendo a memória. Não querem ver esta mulher, antes tão bonita, lembrar-lhes que a beleza não é somente do seu corpo e do seu rosto, porque senão teriam amado dela somente a aparência e não teriam amado sua alma.

O momento da morte é o momento da verdade e a verdade é a humildade. A humildade não é moral, é ser o que se é, nem maior nem menor. Não brincar de herói, não brincar de grande sábio e, também, não se depreciar. A humildade não inclui o desprezo por si mesmo, é ser o que se é. Esse estado é representado por um anjo, um estado de consciência, que por vezes vem nos visitar no momento da morte, quando estamos resgatados, libertos de nosso apego narcísico. Quando estamos livres do apego às nossas máscaras. Então, podemos dizer sim ao nosso verdadeiro rosto e descobrir que este verdadeiro rosto é o nosso rosto de eternidade.

Entramos na última fase da agonia que é o *abandono*. O sim a meus limites, o sim ao meu húmus, o sim à minha terra, o sim à minha morte e é neste *sim* que um novo nascimento pode ter lugar. Pois dizer sim à minha terra é dizer sim à minha mãe. À mãe de onde nascerei como um ser novo, um ser desconhecido que se chamará "o ressuscitado" em mim.

## A sintonia com Kübler-Ross

O que me impressionou neste velho livro, o *Livro cristão dos mortos*, é a sintonia com as observações de Elizabeth Kübler-Ross junto aos moribundos. A realidade é sempre a mesma. Kübler-Ross nota, junto às pessoas que viveram uma grande dor, um certo número de fases que vocês tão bem conhecem. Inicialmente há a *fase da negação*: "Isso não é possível, isso não pode me acontecer, este câncer, esta doença não podem me levar à morte". E nego a doença e a morte.

A segunda etapa ocorre quando o diagnóstico médico se torna irrecusável. É a *fase da revolta*. Revolto-me contra o meio médico, contra o mundo que me cerca, contra o próprio Deus. E sentimos cólera e impaciência, como nos referimos anteriormente.

Depois vem uma etapa que se chama a *fase da barganha*: "Se eu não morrer, se curar-me, prometo fazer uma peregrinação a tal lugar, ou darei a metade de meus bens aos pobres". Vocês conhecem este tipo de barganha. Mas o tempo passa e a doença não se vai, está sempre presente.

Quando os sintomas se agravam, vem a *fase da depressão*, que o *Livro cristão dos mortos* chama de desespero. Nesse momento peço que desliguem os aparelhos, desisto de tomar os medicamentos e jogo-os no sanitário ou no ralo da pia, perco as esperanças, não tenho mais vontade de viver. Um médico contemporâneo observa em seus pacientes os mesmos sinais que um cristão do século XV observava.

Elizabeth Kübler-Ross revela que, depois de ter atravessado estas diferentes etapas, chega-se à *fase do consentimento*. Como se a pessoa tivesse aceitado morrer antes de estar morta. Kübler-Ross me dizia: "Tudo se passa como se a pessoa tivesse ressuscitado antes de morrer". O seu rosto irradia uma luz e uma tranquilidade que nos surpreendem e ela pode expirar em paz porque realmente aceitou sua morte e aceitou, sobretudo, através desta morte, a presença do desconhecido. Esse desconhecido, às vezes, toma a forma de imagens de alguns membros da família que já morreram e que o chamam para uma luz mais pura.

O *Livro cristão dos mortos* e esta abordagem da clínica contemporânea têm muitos pontos em comum. É interessante observar este fato porque qualquer que seja a época em que vivamos, qualquer que seja a tradição na qual tenhamos sido educados, somos realmente seres humanos, todos iguais diante da morte. Realmente iguais e realmente livres. Cada um pode fazer de sua morte um ato de despertar, um ato de libertação, uma passagem para a ressurreição. Por isso, acompanhar doentes terminais pode nos ajudar a viver muito bem essas etapas. E podemos ajudar as pessoas a atravessá-las, quer sejamos terapeutas, médicos, ou seres humanos não médicos e não terapeutas. Seres humanos que podem ajudar outros seres humanos a descobrir o que existe de mais essencial na vida – aquilo que não morre, a vida eterna em cada um de nós.

Terminando, penso em uma estória contada pelos padres do deserto. Havia um homem que se tornava mais pesado a cada vez que pensava em Deus. De tão pesado seu camelo dobrava as pernas. E cada vez que ele pensava na morte tornava-se mais pesado e seu camelo dobrava mais as pernas. Pessoalmente, não creio que pensar em Deus nos torne mais pesados. Creio que pensar em Deus nos torna mais leves e nosso camelo avançará com um passo mais alegre. Refletir na morte também não nos torna mais pesados. Pelo contrário, torna-nos mais leves. Então o caminho do nosso camelo será mais fácil, porque Deus é o que há de mais leve em nós. Ele tem o peso da luz. Nesta luz, desejo-lhes muitos e belos anos.

# Perguntas

1. Entendemos que no momento da morte o desprendimento é holográfico. O campo energético se desprende como forma holográfica total. Não seria por ressonância mórfica, a única maneira de o Lama penetrar no outro espaço-tempo e sustentar a intensidade da luz, a fim de que aquele que está morrendo penetre na Clara Luz? Isto porque os sentidos do espaço-tempo comum não têm como penetrar neste espaço-tempo intermediário. Qual a sua opinião?

**Jean-Yves** – No acompanhamento dos moribundos, não é um eu que acompanha um outro eu porque, neste caso, esse eu vai se esgotar muito rápido nos diferentes trabalhos que tem a fazer. Por isso é que aqueles que trabalham nos hospitais, junto a pacientes em fase terminal, desprendem muita energia e ficam, algumas vezes, completamente esvaziados de suas forças.

O acompanhamento é feito, não somente com o eu, mas com o *self*. E aí é que há, efetivamente, uma ressonância mórfica. E aquele que acompanha tem que ter um conhecimento deste mundo interior para que possa operar uma transfusão de serenidade. Em alguns casos, esta transfusão de serenidade é feita sem palavras e sem ação. A presença se faz de ser para ser. Da mesma maneira, um psiquiatra pode entrar no mundo de um psicótico, se ele explorou muito bem o seu mundo de sonhos e o mundo de seu núcleo psicótico. Como um semelhante que conhece o semelhante. Para acompanhar alguém na morte é preciso estar em paz com sua própria morte, caso contrário ajuntará sua angústia à angústia do outro. Esse fato é bastante frequente. A dor da pessoa que está morrendo se soma ao medo das pessoas que a cercam.

Conversando com um de vocês soube que no Brasil não se fala muito de morte. É um assunto tabu. Fala-se mais facilmente de sua sexualidade, de seus sentimentos que da morte, pois ela gera muita angústia e muito medo. Como tornar isso mais leve e mais fácil, para que, no momento da morte, não adicionemos angústia à angústia, sofrimento ao sofrimento?

É muito importante que cativemos em nós o silêncio e a solidão, do mesmo modo como as experiências do vazio podem nos preparar para as experiências do momento da morte. Não ter medo de calar, de não fazer nada. Cativar este espaço de silêncio que existe em nós, a fim de aceitarmos ficar calados ou sem nada fazer quando estamos ao lado de uma pessoa que atravessa seus últimos momentos. Isso requer uma grande humildade e nela há uma grande presença. Se não há nada a fazer, há muito a ser. E a ressonância mórfica situa-se de ser para ser.

Nossa tranquilidade interior pode introduzir tranquilidade nos meandros dolorosos da pessoa que está passando. Há aqui não somente um fenômeno moral e místico mas também energético e físico que pode ser verificado pelas suas expressões corporais ou faciais. Não se fez nada, nada se disse, está-se simplesmente sentado a seu lado, respirou-se lentamente, aceitou-se seu silêncio interior e algo muda no ambiente do quarto, o corpo e o psiquismo da pessoa podem relaxar. Esses fatos podem ser verificados também com nossos filhos, quando têm dor ou quando estão doentes e nos propomos a ajudá-los.

2. *Ouvindo você falar como terapeuta, sinto-me profundamente tocada a acompanhar pessoas no momento de sua passagem. Mas existe um medo dentro de mim sugerindo-me que tenho que mergulhar em*

*minha própria sombra e também um filtro cultural levando-me a identificar a morte como perda, dor e sofrimento. Você pode nos falar mais sobre o caminho através do qual poderemos não identificar morte à perda?*

**Jean-Yves** – Apesar de esta questão fazer parte de nossa próxima palestra, poderemos adiantar alguma coisa.

É verdade que em nossa cultura e na tradição cristã a morte é percebida, frequentemente, como algo de terrível e doloroso, como um dia de julgamento que pode trazer angústias. Não estamos neste clima de serenidade que referíamos anteriormente. Nosso olhar nem sempre está orientado para a luz, o que contradiz a tradição cristã autêntica e que é uma pena. A tradição cristã antiga, autêntica, a que se encontra no texto original, orienta nosso olhar para a ressurreição. O que é real em nós é a vida eterna, a dimensão de eternidade que está no cerne desta vida.

Então por que valorizamos tanto a dor, o sofrimento, a morte? É como se tivéssemos parado na Sexta-feira Santa, quando depois dela existe o sábado. Nas tradições ortodoxas, assim como no cristianismo antigo, o Sábado Santo é um dia importante porque está além da dor, além da Paixão. O Sábado Santo é o dia do vazio. A palavra *"shabat"*, sábado, quer dizer "a parada" e também é a tradução quase literal da palavra sânscrita "nirvana". Parada do sofrimento, parada do querer, parada do desejo, parada do que nos queima e consome. É pois importante descobrir em nós, além do tempo de luta, de combate e de sofrimento, o cristianismo do Sábado Santo, que é a descida no vazio, a parada de todo sofrimento.

São três passos[2], que em francês são cunhados na expressão *"trépas"* e em português "trespassar" ou "traspassar". O primeiro

---

2. Desde um tempo muito remoto, no momento da Paixão, Jesus é chamado de "O Senhor dos Passos". (N. da Org.)

passo é a sexta-feira, o segundo passo é o sábado e o terceiro passo é o domingo, a ressurreição. No momento da morte faremos os três passos, o passo da agonia com as dores conscientes e inconscientes. Em seguida, o passo do vazio que não significa o fim. Emergindo deste vazio chega-se à Pura Luz, à pura consciência que, em algumas tradições, se denomina o estado de despertar e, em outras tradições, o estado de ressurreição, a *anastasis*, a entrada na vida eterna.

Na nossa transmissão do cristianismo, ficamos algumas vezes no primeiro passo. Há um culto à dor, ao sofrimento, à morte como algo terrível e esquecemos os demais passos que temos a fazer. O Evangelho não diz que o sofrimento é bom. O Cristo não nos salva por seus sofrimentos. Ele nos salva pela consciência e pelo amor que Ele introduz em seus sofrimentos. No momento de sua agonia e de sua morte Ele diz "não". Diz "não" ao sofrimento: "Se é possível, afasta de mim este cálice". É importante que nós também digamos não ao sofrimento e tudo façamos para curar e para aliviar o sofrimento no momento da morte. Entretanto, se forem inúteis todas as medidas tomadas para aliviar o sofrimento, existe a possibilidade de dizer "sim" – sim, que a Tua vontade seja feita, que seja feita a vontade da vida, que seja feita a vontade da consciência, através da dor e da morte. Mas é preciso saber dizer não, antes de dizer sim, caso contrário, nos tornaremos masoquistas, apegados à dor. Não estaremos mais no cristianismo e sim na patologia. Não estaremos mais em uma experiência espiritual mas em uma experiência psicológica infeliz.

Portanto, parece-me importante não ter medo de ter medo. Culturalmente ensinaram-nos a temer a morte, a ter medo do sofrimento. Ensinaram-nos a temer o julgamento. Isso é exatamente o contrário do que o Evangelho nos ensina porque, no momento da morte, não estaremos diante de um olhar de juiz. Estaremos diante de um olhar de criança, estaremos diante de um olhar de amor. Um amor lúcido que pode muito bem ver o mal que fizemos a nós mesmos e aos outros, mas que não nos fechará nas consequências negativas dos nossos atos. Estaremos diante de um olhar de perdão.

No momento de minha morte gostaria muito que a pessoa que me acompanhasse pudesse dizer-me estas palavras de São João: "Se teu coração te condena, Deus é maior que o teu coração". Se o teu coração te condena, a bondade do Ser é infinitamente maior do que as consequências negativas dos teus atos. Se tua consciência te condena, se a consciência da sociedade te condena, se a consciência de tua família te condena, há uma consciência mais elevada que não te condena.

Então, na tradição cristã antiga, os últimos momentos da vida não são vividos em um clima de culpa, de acusação, e sim em um clima de perdão. Veremos, no decorrer do seminário, que o acompanhante lembra a presença do Ressuscitado que está em cada um de nós. A presença da vida eterna em cada um de nós. É natural que morra nossa vida mortal, é natural que se sinta medo. E quanto mais estivermos apegados à nossa vida mortal, mais teremos medo de perdê-la. Há um elo entre o medo e o apego, entre o sofrimento e o apego.

Quando eu tinha dezenove anos e um envenenamento levou-me à morte clínica, a um eletroencefalograma plano, lembro-me do momento em que disse "não", porque ter dezenove anos era ser muito jovem e ainda teria tanto a viver! Enquanto dizia "não" o sofrimento aumentava e a dor era tão grande que não podia resistir. E então eu disse "sim". No momento em que disse "sim" o sofrimento desapareceu, ocorreu uma abertura a uma outra consciência.

Assim, é a partir do próprio cerne do sofrimento que se pode sair dele. Por isso é difícil falar destas coisas, dar bons conselhos a nossos amigos que sofrem. Não estamos em seu lugar, não sabemos o que seremos ou faremos no momento de nossa morte. Não se trata de julgá-los. Trata-se, sobretudo, de não acrescentar sofrimento ao sofrimento deles pelos nossos ressentimentos, nossas culpas e também por nosso medo.

Tanto o Evangelho de Maria quanto os demais Evangelhos nos lembram que o essencial do cristianismo é a lembrança de que o Cristo ressuscitou. Dizer que o Cristo ressuscitou é acreditar que não é a estupidez que terá a última palavra, assim como não serão a violência, a guerra, o ódio, o medo que terão a última palavra. Quem terá a última palavra é o amor, mais forte que a morte. A adesão a algo em nós que é maior que a morte nos permitirá abordá-la com serenidade.

Aquele que acompanha o agonizante deve estar em contato com o Ressuscitado nele, com esta presença da vida eterna, caso contrário o aprisionará na dor.

A dor e o sofrimento não são bons. Bom é o que eu posso fazer da dor e do sofrimento. O que me fascinou no cristianismo é que posso colocar um olhar positivo sobre o que é negativo e, assim, fazer algo de bom em relação ao sofrimento e à dor. A mesma coisa em relação à morte. Posso fazer dela um ato de amor, um rito de passagem. Este é o simbolismo da alquimia, da transformação do chumbo em ouro. Se a morte para uns é a morte de uma lagarta, para outros é o nascimento de uma borboleta. E o nascimento da borboleta, no cristianismo, simboliza a Ressureição. Posso até sentir a comichão das asas no vermezinho que sou...

*3. Freud, nos últimos textos que escreveu, mostrava um certo pessimismo em relação à eficácia da técnica que desenvolveu na psicanálise. Parecia não mais acreditar na eficiência desta abordagem no tratamento de seus pacientes. Na minha prática como psicoterapeuta neo reichiana muitas vezes tenho este sentimento de desânimo. Parece que me falta algo, talvez ligado a uma abordagem mais abrangente, espiritualista.*

*Pergunto: Será possível, e como, integrar a tarefa de fazer a reencenação da vida infantil do indivíduo para liberar seus padrões neuróticos e, ao mesmo tempo, ajudá-lo no despertar de sua dimensão espiritual?*

**Jean-Yves** – Creio que você terá um livro muito importante a escrever...

Um dos últimos livros de Freud chama-se *Além do princípio do prazer*. E além do princípio do prazer está a pulsão de morte. Como você bem observou, nos últimos anos e nas últimas horas de Freud, o que sobressai é a sua teoria da pulsão da morte. Esta teoria é muito interessante porque, durante toda uma fase de sua vida, ele acreditou que procurávamos o prazer – o princípio do prazer. Depois, deu-se conta de que talvez o homem procure mais a dor.

Enquanto procuramos a paz, preparamos a guerra. Temos toda espécie de ideias grandes e nobres mas, em nosso inconsciente, é o desejo de morte que parece dominar. Para Freud, a pulsão de morte está ligada à *lei da entropia*, que é a lembrança de que o nosso sistema solar está se decompondo. Tudo o que vemos, todo este cosmos, está desaparecendo – esta é a lei da entropia. Nosso sistema solar desaparecerá, como desaparecem a cada instante constelações muito maiores no chamado "buraco negro". A pulsão de morte em cada indivíduo é, pois, uma participação neste princípio da entropia, é uma participação no universo que está se degradando.

Creio que, além do princípio do prazer, seria preciso tomar consciência da pulsão de morte. E depois... escrever um livro que poderia se chamar "Além da pulsão de morte". Isso está ligado a uma descoberta recente, à *lei da negentropia*. Nesse sentido, falaríamos de uma pulsão de morte fatal e de uma pulsão de morte pascal. Importa fazer a travessia da primeira para a segunda.

A pulsão de morte fatal é aquela que nos fecha no nosso "ser para a morte", de que Heidegger nos fala muito bem. Somos seres para a morte, nascemos para morrer. Contudo, talvez possamos fazer a experiência do nascer não somente para morrer, e, na travessia da morte, faríamos um "salto quântico", passaríamos a um outro plano do ser. Eu chamaria a isso "pulsão de morte pascal". O túmulo está aberto ou fechado. Nisso consiste o mistério de nossa liberdade, que pode guardar o túmulo fechado quando afirma que nada há além da vida mortal.

Creio que há, também, uma maneira de abrir o túmulo, passando pela experiência do vazio (da vacuidade), pela experiência do "buraco negro". As pessoas que tiveram depressões muito profundas podem nos falar de suas experiências sobre isso. Porque, efetivamente, há uma analogia no domínio psicológico com o que se passa em plano físico. São João da Cruz chama este estado de "noite escura da alma". Este estado em que se desfazem todos os nossos pensamentos, tudo o que nós estimamos como belo. Perdemos a fé e perdemos nossas representações de Deus. Não há mais ponto de apoio, não há mais referência. De um ponto de vista afetivo, é realmente infernal o que vivemos. Aprisionados em nós mesmos não conseguimos nos fazer entender. Trata-se de ir ao fundo desta depressão.

Coloco-me uma questão. Nos nossos sistemas hospitalares e psiquiátricos muitas vezes não permitimos às pessoas suas depressões. Isso pode parecer paradoxal porque, quando vemos alguém sofrendo, nossa única preocupação é aliviar sua dor. Entretanto, ao invés dessa atitude, é preciso, sobretudo, amá-la e acompanhá-la nesta lenta descida onde ela fará a experiência de seu "nada".

Então, trata-se de não ter medo desta depressão que, em algum momento, temos que viver em nossas vidas. Não devemos parar nestes momentos, mas fazer sua travessia, passar através do túmulo. É esse, verdadeiramente, o mistério que se chama "a Páscoa", a "passagem". E quando o sistema solar se reabsorve no buraco negro, não vemos o seu nascimento em um outro mundo. Por isso, na nossa experiência psicológica, aqueles que foram ao fundo de suas depressões, que viveram um momento de morte clínica ou de agonia muito profunda, quando voltam dessas situações, podem dizer que existe outra coisa além da pulsão de morte, além do princípio do prazer, além desta vontade superficial do prazer que, sem cessar, a morte ameaça.

Do mesmo modo, há uma sabedoria que precede a loucura, a sabedoria do homem e da mulher razoáveis e esta sabedoria é, sem cessar, ameaçada pela loucura. E há uma sabedoria que vem depois da loucura, que não tem medo dela e que é a dos bons terapeutas. Ajudamos e compreendemos melhor uma pessoa alcoólatra, se tivermos sido alcoólatras. O mesmo dizemos em relação aos psicóticos, que é preciso aceitar seu sinal de loucura que, algumas vezes, é seu sinal de beleza. Assim podemos acompanhar as pessoas.

É muito difícil uma pessoa acompanhar um agonizante se ela não aceita sua própria morte. O acompanhante amigo está ali para lembrar-lhe que ele também vai morrer. Se esse pensamento o angustia, ele não será mais capaz de acompanhar a angústia do outro. Ser terapeuta é acompanhar, sem angústia, a angústia do outro. É acompanhar a pulsão de morte, sua ação no corpo e no psiquismo do outro, sabendo que, além da pulsão de morte, além do túmulo, há uma abertura possível, mesmo se não sabemos o que se revelará nesta abertura. Esta possibilidade deve ser respeitada, caso contrário, arrisca-se a aprisionar o paciente em seus sintomas, em sua doença e em sua morte.

Quer sejamos crentes ou não crentes, devemos saber que, além da pulsão de morte, há outras leis. Além do buraco negro onde todas as coisas se reabsorvem, há buracos brancos de onde tudo nasce. É a abertura do nosso espírito a essa possibilidade que permite, àquele a quem acompanhamos, viver a sua passagem sem angústia ou atravessar a angústia e deixá-la passar.

Quando você tiver escrito seu livro "Além da pulsão de morte" envie-me um exemplar. Ele me será muito útil!

4. *O que acontece a uma pessoa que se suicida?*

**Jean-Yves** – Para Albert Camus, a única grande pergunta é aquela do suicida: "Por que continuo a viver? Por que não me mato agora? Porque, de todo modo, morrerei um dia. Para que continuar a amar, a viver, se é a morte que terá a última palavra?" Por trás destas perguntas do suicida existe a pergunta do sentido da nossa vida sobre a terra. Por que vivemos? Ou, por quem vivemos?

Há várias motivações para o suicídio. A motivação filosófica que acabamos de evocar, na qual a vida não tem sentido e a morte terá a última palavra. Assim melhor acabar imediatamente com a vida, antes que envelheça demais, antes que o corpo se deforme...

Cito frequentemente dois exemplos de pessoas amigas, que eu muito respeito e que se suicidaram. Uma delas é Bruno Bettelheim, que fez trabalhos magníficos sobre crianças autistas. Quando, em sua velhice, notou que estava perdendo a memória, disse à sua filha: "Não sou mais um homem, não sou mais digno de viver". Tomou uma porção de medicamentos, colocou a cabeça dentro de um saco plástico e assim se suicidou. Para ele, ser humano era ser capaz de reflexão, de inteligência e de memória. Talvez se possa perder a cabeça, mas não é por isso que se perde o coração. Talvez seja preciso aceitar perder a memória para desenvolver outras qualidades. O que observamos comumente no idoso é que ele talvez não tenha toda sua capacidade mental mas tem todo seu coração. O outro exemplo é de Millon de Montherlant, um grande escritor francês. Quando um dia, pela sua idade, viu que chegara à impotência, pensou que não era mais homem e nem digno de viver. Suicidou-se com um tiro na cabeça. Isso é muito triste porque o homem não é somente um sexo e, mesmo sem ereção, ele é capaz de amar. Há maneiras mais sutis e mais interessantes de amar quando se chega à velhice.

Frequentemente, as pessoas se suicidam porque se identificam a uma parte de si mesmas que, se atingida, recoloca o todo em questão. A motivação mais corrente do suicídio é muito menos filosófica, é a dor, é o absurdo. Em certas situações a esperança não existe mais. Pode ocorrer uma falência material, uma falência corporal como uma doença grave, uma falência afetiva e o peso deste fracasso não é suportado. Por isso é importante conhecer como vivemos nossos fracassos e, num nível mais simples, nossas feridas narcísicas. Se morre uma imagem de nós mesmos (uma bela reputação, um belo corpo, uma bela inteligência), se esta imagem desvanece, enfraquece, sermos capazes de aceitar esta ferida narcísica, este fracasso. Isso requer uma certa maturidade interior, uma maturidade espiritual, pois se pode ser muito inteligente e, apesar disso, sucumbir ao desejo do suicídio.

Há ainda outras maneiras de abordar o suicídio. Uma das abordagens é a manifestação política diante da injustiça. No Vietnã, fiquei alguns dias em um monastério onde vários bonzos se suicidaram em virtude de uma injustiça política. Sua motivação era diferente. Não era um medo qualquer como o medo de envelhecer ou o medo de sofrer.

Assim, é preciso, antes de falar de suicídio, refletir sobre a motivação do suicida. Cada um de nós poderia se perguntar: O que poderia nos levar a um ato deste tipo? É uma pergunta muito pessoal.

Penso em Judas, dizendo que ele é o santo patrono dos suicidas. É curioso que Judas tenha se decepcionado com Jesus. Judas esperava que Jesus restabelecesse a justiça em Israel, que expulsasse o invasor romano e que restabelecesse um reino de paz. Na medida em que ele convive com Jesus, suas expectativas desmoronam. E como suas expectativas são infinitas, sua decepção também é infinita. Antes de trair, sentiu-se traído nele mesmo. Isso para nós é um ensinamento porque nos decepcionamos na medida de nossas expectativas. E nossa decepção pode nos conduzir ao suicídio. A vida não corresponde às nossas expectativas; esse homem, esta mulher não corresponderam às nossas expectativas. Meu corpo não corresponde à minha expectativa. Deus não corresponde à minha expectativa. Se minhas esperanças desmoronam, serei uma pessoa decepcionada e, portanto, perigosa para comigo e para com os outros.

É isso que vemos no personagem Judas. Sentindo-se traído, decepcionado, vai trair. E, em outro momento, se dá conta do absurdo de seu ato. Traiu seu melhor amigo, traiu o amor que estava nele. Entrou em desespero e esse desespero levou-o ao suicídio. Sintam que há uma lógica, uma coerência: expectativa → desmoronamento das esperanças → desespero → suicídio.

O que diferencia Judas de Pedro é o grande desespero de Judas. Pedro também traiu, mas não se enclausurou em seu desespero. Acreditou que o Cristo poderia perdoar sua traição. Judas não acreditou que pudesse ser perdoado e se fechou nas consequências negativas de seus atos. Fechou-se em seu desespero, sentiu o aperto da corda, o sopro curto, a sufocação e a aproximação da morte. Mas, é importante lembrar, não sabemos o que se passou nos últimos instantes de Judas. No Evangelho de Mateus está escrito que Judas foi se enforcar e nos Atos dos Apóstolos que ele se jogou do alto de um penhasco. Nem sabemos como Judas morreu. Portanto, lembremos de não julgar o suicida, pois não sabemos o que pode se passar nos últimos momentos de sua vida, nestes momentos de desespero onde a dor é, às vezes, insuportável. Não nos cabe julgar.

É preciso rezar muito pelas pessoas que se suicidam e dar-lhes um acompanhamento especial. Houve uma época em que a Igreja Católica Romana proibia rezar pelos suicidas. Essa proibição, de extrema gravidade, deixava as pessoas em um clima de consciência de muito desespero.

Quando a motivação de um suicida foi a dor, é importante um apelo à afeição, ao reconhecimento. Trata-se de libertá-lo, donde a importância da prece. Cremos que o personagem Judas precisaria ser redescoberto, nos dias de hoje, baseando-nos no texto evangélico que diz: "*Era preciso que se cumprissem as Escrituras*". Assim, seria como se o ato de Judas participasse no cumprimento de uma determinação, participasse de uma ocasião de manifestar o amor que habitava o coração do Cristo. Judas tinha, pois, um papel a representar.

Da mesma maneira que temos o nosso Judas interior, no qual o ego trai o *self*, no qual o ego desespera da luz, podemos considerar Judas como um arquétipo muito familiar, sobretudo nos momentos em que, ficando decepcionados com alguém ou diante da injustiça de uma determinada política, queremos pôr fim à nossa vida. Nesses casos, Judas pode nos ajudar a compreender que a travessia da sombra faz parte, também, do nosso caminho na luz. Compreender que, na história de Jesus, a presença de Judas faz parte da revelação da luz. Em nossa própria vida, a travessia da sombra faz parte, realmente, da revelação do *self*. Há nestas afirmações algo de muito profundo do ponto de vista psicológico.

Como dizia Gräf Durckheim, um caminho para a luz que queira evitar a sombra, se arrisca a ser um caminho de ilusão. E aquele que quiser olhar o cristianismo esquecendo a personagem Judas em seu interior e em seu exterior, se arrisca a fazer uma falsa imagem do Cristo. Nesses casos, a sombra não será transformada.

Assim, sua questão sobre o suicídio poderia conduzir-nos a um sem fim de reflexões. O que podemos dizer agora é que não podemos julgar o suicida, que o estado em que se encontra aquele que se suicida é um estado extremamente doloroso e confuso, principalmente se a motivação é a da revolta e do desespero. Por isso, as pessoas que se suicidam pedem toda nossa compaixão.

# O ABSURDO E A GRAÇA

# O encontro com o numinoso

Tivemos oportunidade de conversar sobre o deserto e sobre o oásis no coração do deserto. Sobre a fonte que está contida no cerne das provações de nossa vida.

A partir de agora desenvolveremos o mesmo tema, partindo da noção do numinoso. O numinoso não é apenas o luminoso, mas aquilo que nos fascina e nos aterroriza. Os antigos diziam *fascinosum tremendum*, isto é, estamos fascinados por uma realidade que sentimos verdadeira e, ao mesmo tempo, estamos aterrorizados porque essa realidade traz um questionamento em nossa maneira habitual de ver as coisas, na nossa maneira habitual de pensar e de ser.

Frequentemente, quando se fala da experiência do ser, só se fala de seus aspectos luminosos, como se ao falar da rosa esquecêssemos seus espinhos. Sobre um caminho no qual reina a visão holística é importante a integração da sombra e da luz. Assim, um caminho que se dirigisse à luz dispensando a sombra, correria o risco de ser uma ilusão.

Estudaremos, portanto, um certo número de circunstâncias onde as ambivalências do real, o paradoxo do real, serão considerados em sua inteireza. E todos estes exemplos têm por finalidade nos ajudar em um caminho de integração, a fim de nos tornarmos mais inteiros.

## O numinoso na natureza

Um dos primeiros lugares em que se pode escutar a experiência do numinoso é na natureza, na grande natureza. Nela existem experiências de transparência e de dilaceramento.

Em relação à transparência vocês podem imaginar um quadro que lhes é familiar. À noite, ao entrar em casa, olhando este quadro, vocês veem a parede e também a paisagem que está ao longe. No mesmo olhar vocês veem a forma e seus limites mas, também, o que está além da forma.

Em nossas vidas existem momentos de transparência e também de dilaceramento. Como se o quadro que vemos estivesse rasgado. Estes rasgões são nossos pontos de referência, a imagem que temos de nós mesmos. O quadro, tal como o vemos, está estilhaçado e rasgado. Mas através dos rasgões podemos ver além. Fazemos, assim, a mesma experiência. A experiência de abertura do nosso ser à transcendência interior, que é o nosso ser essencial.

As experiências de transparência e de dilaceramento, as experiências de absurdo e de graça, têm por finalidade fazer-nos entrar nesta experiência do ser essencial, reconhecendo-o tanto numa como noutra situação e sair do dualismo, da oposição que nos destrói cada vez mais.

Podemos encontrar a beleza numa paisagem, mas a experiência do numinoso é algo maior que a experiência estética, é mais que um nascer ou pôr do sol, mais que a beleza de um céu estrelado. A experiência do numinoso é um momento de não dualidade com o que nos cerca. Eu olho uma árvore e vejo que esta árvore me olha. Nesse momento, o ego e a natureza, o eu e o meio ambiente, não estão separados. Os físicos explicam esta experiência dizendo que não é possível levantar uma palha sem perturbar uma estrela, que somos feitos de poeira de estrelas e que trazemos conosco a memória da humanidade. Em certos momentos podemos vivenciar isso muito além da teoria.

Penso em São Francisco de Assis, falando do Sol como seu irmão, da água como sua irmã, da Terra como sua mãe. Não só uma teoria científica, mas uma intimidade, umas núpcias vividas com todo o meio ambiente. Dessa maneira, em nossa vida, tanto existem momentos com esta transparência quanto, no coração desta mesma grande natureza, existem momentos de terror e de dilaceramento.

Lembro-me de um terremoto na Grécia como algo terrível, aterrador. Nossa mãe Terra mostrou-se como uma madrasta perigosa e difícil. A natureza não é somente bela, maravilhosa. Algumas vezes é terrível, aterradora, trazendo inundações, tornados, seca, com suas consequências de fome para os homens. Entretanto, quando falamos da natureza, lembramos apenas do seu lado bucólico e romântico esquecendo de ver, além da beleza e da grandeza, o seu furor e seu exagero. Nestes momentos o homem compreende que deve se medir, não pelo pouco tempo que tem a viver, mas que deve se medir por anos-luz. Sente, então, que um abismo o carrega, o aspira.

Nesta experiência, há também uma abertura à transcendência. Se vocês estão navegando e sobrevém uma tempestade, neste momento de terror sentirão uma presença, uma abertura da consciência a algo que a ultrapassa. É a mesma realidade que faz tudo florescer e tudo murchar.

A vida e a morte não estão separadas. Podemos sentir esta experiência de não dualidade em nossa relação com a natureza, com a grande natureza. O absurdo de algumas situações, as destruições provocadas pelas inundações, a fome que se segue, e, ao mesmo tempo, a beleza do nascer do sol, a beleza da tempestade ou da brisa leve. É preciso acolher o vento em todas as suas expressões.

É preciso acolher o sopro que nos foi dado, tanto neste momento em que respiramos doce e tranquilamente, quanto nos momentos de respiração ofegante, de angústia intensa, quando o sopro não consegue passar através de nossa garganta. É o mesmo sopro, a mesma presença.

## O numinoso na arte

Esta ambivalência do numinoso pode ser encontrada na experiência da arte. Algumas pessoas não sentem a fala da natureza, não são atraídas pela linguagem dos textos sagrados. O divino lhes fala através das diferentes experiências de beleza artística. Por vezes, escutando uma música, um grande silêncio se faz dentro de nós. A música e o silêncio se fazem um e nesta unidade abrimo-nos a um outro estado de consciência. Outras vezes, ao olhar um quadro em que o azul está lindamente representado, não só vemos o azul, mas nele nos transformamos. Há um momento celestial muito silencioso através deste olhar. Assim, através das obras de arte, nos aproximamos do sagrado.

Quando falo em obras de arte, não falo somente daquelas que estão nos museus. Falo da beleza que vem nos encontrar em nossa vida quotidiana. Quando danço, não sou mais eu que danço, é a dança que dança em mim. Quando toco piano, não sou mais eu ou minhas mãos que tocam, é a música que se serve de minhas mãos para acontecer. Quando escrevo o texto de um poema e o releio alguns anos depois, espanto-me e digo que não fui eu quem escreveu aquele texto. Houve ali um momento de transparência, um momento em que meu ser, finito e limitado, abriu-se ao infinito.

Aqueles que são grandes, artistas ou cientistas, se não são megalomaníacos, reconhecem a fonte escondida de sua inspiração.

Quando isso não ocorre, há um risco de inflação. Podemos nos confundir com a causa, a causa primeira desta experiência e entrarmos em um período de confusão, sendo possuídos pelo arquétipo, pela imagem de grandeza que nos atravessa. Nesse momento é preciso retomarmos o lugar que nos cabe e dizer como Paulo de Tarso: "Eu não sou o Cristo, mas o Cristo vive em mim". O esquizofrênico diz: "O Cristo sou eu". Ele confunde o eu e o *self*, gerando uma fonte de inquietação não somente para si mesmo mas para o meio que o cerca.

Através da experiência da arte, ao lado destes momentos de beleza e transparência em que somos atravessados pela dança, pela música e pela inspiração, temos obras de arte que nos dilaceram. No mundo contemporâneo há o movimento de um certo número de artistas que atua não no sentido de produzir beleza e harmonia, mas no de produzir medo e ranger de dentes. Da mesma maneira, certas músicas nos fazem regredir. Assim, a arte nem sempre tem uma função evolutiva e pode, algumas vezes, nos conduzir a abismos de medo e de terror. Todos nós conhecemos artistas muito desesperados e que tentam testemunhar, em termos muito elaborados e belos, o absurdo de sua existência.

Creio, entretanto, que a arte é realmente o lugar onde o homem faz a experiência de sua liberdade. Porque podemos nos servir de nossas qualidades para crescer e fazer evoluir a humanidade e podemos, também, nos servir delas para destruir, para destruir a alma de um povo, a alma de uma cultura.

É preciso então dizer algumas palavras sobre a perversidade. Dela podemos falar em um sentido clássico ou como uma doença muito grave porque uma pessoa serve-se de coisas positivas e belas para destruir a si mesmo e aos outros. Em nossa cultura existem muitos perversos. No último trecho do Pai-nosso, quando pedimos que nos livre do mal, a tradução exata do grego é livra-nos do perverso, livra-nos da perversidade que existe em nós. A perversidade distorce, desvia do bem, faz do bem uma obra destruidora. Assim, se falta coração à arte, como à ciência, ambas podem tornar-se elementos de perversão e de destruição.

Em certos casos, é indo ao fundo do absurdo, ao limite de nossa perversidade, que podemos descobrir uma outra consciência. Tive ocasião de observar isso nas prisões, junto a pessoas muito perigosas que alcançaram o extremo do mal dentro delas mesmas. Observei que não é o mal nem o bem que têm a última palavra. Nestas experiências extremas, descobrimos em nós mesmos algo que está além do bem e do mal. E, em um período em que a sociedade vive coisas dolorosas, há aí, talvez, não uma finalidade, mas uma passagem, um momento de transformação.

Portanto, nesta visão holística do ser humano é preciso dar ao mal, dentro de nós mesmos, o seu devido lugar. Dar o lugar devido ao absurdo, ao desespero, sabendo que eles não são o todo de nós mesmos. Há sempre o mesmo problema – da identificação do mal ou do bem, de uma bela imagem ou de uma imagem ruim, com uma parte de si mesmo.

O Cântico dos Cânticos tem uma passagem muito bela em que a bem amada diz: "Eu sou a negra e eu sou a bela filha de Jerusalém. Confesso que vivi, confesso que a noite me feriu". Dizer que eu sou a negra quer dizer que a noite me feriu, que a vida me feriu e me atormentou. Confesso que vivi e, ao mesmo tempo, sou inocente. Sou velha e jovem, tenho em mim toda a história da humanidade e, ao mesmo tempo, o instante que eu vivo, eu o vivo pela primeira vez. Ele é novo, de uma juventude eterna. Os antigos chamam esse estado de "estado de confissão", estado de reconhecer a verdade de si mesmo, de reconhecer sua sombra e sua luz.

O sinal de um verdadeiro amor é que posso me mostrar todo inteiro a alguém, com meu perfil bom e mau, com aquela parte de mim mesmo da qual me orgulho e aquela que quero esconder. Mas tenho medo de não ser aceito inteiramente. E por isso mesmo, frequentemente, sou um pedaço escolhido por um outro. Amo alguém por sua inteligência, esqueço seu coração e seu corpo. Amo o corpo de alguém mas esqueço a alma que o habita e o pensamento que o ilumina. É raro amar alguém por inteiro e é raro sentir-se amado inteiramente.

Há lugares de nós mesmos que não existem enquanto o amor não penetrar. Há lugares de nós mesmos que não podemos reconhecer enquanto o olhar do outro, com benevolência e sem julgamento, não reconhecer. É esse também o papel do terapeuta. Poder tudo escutar, poder escutar aquilo que não ousamos dizer à pessoa que nos é mais cara. Porque o terapeuta é a imagem do *self*. E o papel do *self* é o de acolher a inteireza daquilo que somos.

Estamos em um caminho de aceitação, de integração, que não é um caminho de complacência. Não se trata de dizer que nossa sombra é luminosa, que nossos defeitos ou vícios são maravilhosos; trata-se de reconhecê-los para que a transformação seja possível, para que a evolução seja possível. Frequentemente projetamos nosso mental bem longe de nós, não nos imaginamos chegar a tal ou qual estado de consciência. Entretanto, trata-se de voltar aos nossos pés e dar um passo a mais a partir do local onde estamos.

Se, em certos movimentos da arte ou do pensamento contemporâneo, existe esta insistência sobre o absurdo, é para nos libertar do idealismo, para nos devolver a nossos limites. Nesta filosofia desesperada não há só o mal. Há uma exigência de lucidez. É o começo do despertar e o começo do despertar é aceitar nossos limites, nossas presunções, nossas inflações. A arte pode, portanto, nos despertar ao infinito que existe em nós, despertando-nos igualmente para os nossos limites. Assim manteremos juntos o infinito e os limites, pois, como refere o provérbio indiano, o espaço que está no interior do cântaro é o espaço que preenche todo o universo. Não é preciso quebrar o cântaro para saber disso. Nesta experiência de transparência fazemos a ligação entre o interior e o exterior. Outras vezes é preciso quebrar o cântaro para, em seguida, reconstruí-lo. Mas na transparência e no dilaceramento, o que se procura é o espaço que está no âmago do cântaro, é o infinito no âmago de nossa finitude.

## O numinoso no encontro

Para muitos homens e mulheres contemporâneos, outra experiência do numinoso se dá através do *encontro*. O encontro entre um homem e uma mulher, o encontro entre duas pessoas. Tem-se a impressão de conhecer alguém desde sempre. Isso não quer dizer, obrigatoriamente, que conhecemos a pessoa em uma vida anterior mas sim, que a conhecemos a partir de nossas vidas interiores. Há aí uma ressonância, um acordo em profundidade. Não é simplesmente um acordo de pensamento, uma concordância física ou afetiva, mas sentimos que somos o mesmo ser. Como cantava o velho Adão: "Eis aqui a carne da minha carne, o osso dos meus ossos, a vida da minha vida". Nos nossos beijos sentimos a unidade de um mesmo sopro.

No pensamento hebraico, quando beijamos alguém descobrimos o grande sopro que nos é comum. Saímos da dualidade para descobrir a dualidade que está em nós. Assim, em certos encontros humanos, há uma experiência de transcendência que alcança a profundeza da pele. Paul Valery dizia: "Se vocês soubessem como a pele é profunda!". Há uma dimensão numinosa que depende, é claro, da forma como se é tocado ou de como se toca alguém. Já dizia Gräf Durckheim: "Quando você tocar alguém não toque nunca um corpo. Não se esqueça de que você toca uma alma com toda sua história". Lembremos disso não só em uma relação amorosa, mas quando temos que acompanhar uma pessoa doente ou agonizante.

O corpo é cheio de memórias, é preciso respeitar sua história. Lembremos de certos momentos de nossa vida quando fomos tocados como carne de açougue, como um objeto ou uma coisa e, neste toque, havia algo de absurdo porque feriu nossa dignidade de seres humanos. Não somos o objeto de prazer de alguém, somos um sujeito que pode entrar em relação com um outro sujeito e partilhar o prazer, o afeto e a compreensão.

Em um outro momento, é através da mão do outro que nossa vida se torna absurda. Há pessoas entre nós que foram violadas, violentadas, e se sofreram essa violência durante a infância sabem bem do que estou falando. Eu mesmo fui violentado em minha infância, no pórtico de uma igreja, por um velho senhor muito grosseiro e que deixou em mim rastros dolorosos por muito tempo. Era difícil aceitar ser tocado por uma mulher e mesmo ser tocado por um médico ou por uma enfermeira. Por isso, para quem sofreu esta experiência, será difícil encontrar com inocência um outro toque que fará sentir o seu corpo, não como carne ou objeto de desprezo, mas como um templo, como o lugar onde a graça está viva.

Pode acontecer de sermos tocados não apenas como um homem ou como uma mulher (o que já é muito!), mas podemos ser tocados como um deus ou uma deusa, reconhecendo em nós a luz que está em nossa matéria, o mistério que somos e que esta mão muito doce e muito respeitosa nos revelou. Quando a mão de nossa mãe foi tão doce, a mão de nosso pai ou de um amigo foi tão leve, ficamos com a nostalgia daquele toque e nos tornamos insatisfeitos com todos os contatos que possamos ter. O absurdo e a graça – maneiras diferentes de sermos tocados. Portanto, como é no nosso corpo que podemos viver o absurdo e a graça, há nele memórias de absurdos bem como memórias de beleza e de graça.

A união de duas pessoas pode ser, também, uma união de pensamento. Quando escutamos certa pessoa, temos a impressão de que a voz é a nossa, ela coloca em palavras o que pensamos desde sempre. É um belo momento de unidade, a consciência que está naquele que fala é a consciência que está naquele que escuta. E descobrimos, cheios de beleza e de admiração, que a consciência é una.

Se os seres humanos se escutam, eles se compreendem. Por isso, no Primeiro Testamento, o primeiro exercício que é proposto na Torá, é *Shema Israel*, Escuta Israel! O primeiro mandamento não é amar, é escutar, escutar o outro com as orelhas, com o corpo, com a coluna vertebral e também com o coração e com a inteligência. Escutando com todo o seu ser e, neste momento de escuta, tendo um momento de unidade. Por isso, nas tradições antigas, diz-se que o importante não é o mestre e sim o discípulo. O importante não é o que é dito, mas o que é escutado. E todos estamos convocados a sermos discípulos da grande vida e a escutarmos atentamente o outro.

Através da experiência de separação, da diferenciação, podemos talvez conhecer o que podemos chamar a "graça de uma aliança". O que eu amo no outro não é o que se parece comigo, não é o que eu compreendo dele, mas o que ele tem de diferente. Amo nele o que eu não compreendo.

Na França mora um filósofo israelita muito interessante, chamado Lévinas. Ele diz que Deus não lhe vem ao pensamento através de estudos científicos, pela pesquisa da causa primeira e de todos os seus efeitos. Deus lhe chega ao pensamento e ao coração na contemplação da face humana. Porque, diz ele, em um rosto existe algo inapreensível, algo que eu não posso reduzir à soma de suas partes. É a alteridade do outro que está lá. Deus não é o "muito alto", Ele é o "muito outro".

Assim, em cada encontro humano, podemos apreender este mistério da alteridade, respeitá-lo ou negá-lo, reduzi-lo ao igual, reduzi-lo a uma coisa qualquer. Durante as guerras, quando se quer executar um prisioneiro, vendam-se seus olhos. Vendar os olhos de uma pessoa é esquecer que há, neste ser mortal e transitório, algo que nos olha. E que este olhar não se dá simplesmente pela cor dos olhos.

Deus talvez seja este ponto inacessível onde dois olhares se encontram. Não é você, não sou eu, você e eu podemos não mais nos entendermos, mas há uma realidade entre nós. Há o grande terceiro, que é indissolúvel entre nós.

Fala-se da indissolubilidade do matrimônio e, entretanto, tudo é solúvel no tempo. O desejo muda, ele é solúvel no tempo. Um grande afeto nem sempre resiste à rotina, à vida quotidiana. O compartilhar os mesmos pensamentos, as mesmas ideias, não é durável. Ocorrem então os conflitos, oposições, onde cada um quer opor e impor seu pensamento ao outro. Tudo é solúvel no tempo.

O que é indissolúvel? O indissolúvel não sou eu nem você, é o terceiro que está entre nós. Enfatizamos isso porque nosso amor não depende só de nós, não depende só de nossos humores, de nossa inteligência, da nossa afeição. O nosso amor deve acolher como uma realidade o que está entre nós, mas que não nos pertence. Aqui encontramos uma experiência do numinoso, além da dualidade e que a física contemporânea chama de "o terceiro incluído". Este terceiro é o que nos permite estar ao mesmo tempo juntos e diferentes. O amor é o que nos unifica e o que nos diferencia.

Às vezes são nossas experiências do absurdo que nos ajudam a nos diferenciar. Ajudam-nos a sair da fusão. Ajudam-nos a sair do "pequeno um", o "um" da criança no ventre de sua mãe. Podemos chamar então de "um indiferenciado" e "um diferenciado". Este é todo o sentido do número três, pois para ser "um" é necessário ser três. O amante, a amada, o amor. A natureza, a arte, o encontro. São três locais de nossa humanidade, de nossa vida humana, onde podemos sentir essa ambivalência do real que, ao mesmo tempo, nos constrói e nos destrói. Somos então conduzidos, através desta ambivalência, do absurdo e da graça que vivemos, a conhecer um estado que os contém. Aproximamo-nos do grande símbolo taoísta onde o negro é negro e o branco é branco, onde não há mistura e também não há separação.

# A luz e a sombra, a graça e o absurdo

No coração da sombra existe a luz. E no coração da luz existe a sombra. A experiência do ser é a experiência do círculo que mantém os dois juntos. Neste momento estamos em um estado de consciência onde o funcionamento habitual do cérebro é assumido e, ao mesmo tempo, ultrapassado. É para lá que caminhamos.

O momento de repouso que fazemos é semelhante à nossa respiração. O expirar e o inspirar é uma não dualidade. Se só inspiramos sufocamos, se só expiramos morremos. O sopro contém a inspiração e a expiração e o que é verdadeiro em nossa vida fisiológica é também verdadeiro em nossa vida psicológica.

Tornar-se adulto é passar da idade dos contrários para a idade do complementar, para um outro modo de olhar as coisas. Se alguém diz algo contrário ao que penso e sou capaz de entender esse contrário como complementar, vou crescer em consciência e em compreensão. Se, em vez de rejeitar ou negar alguns elementos de minha vida obscura, sou capaz de acolhê-los, tornar-me-ei mais inteiro.

A sombra é o que dá relevo à luz. Quando amamos alguém, um dos sinais de amor verdadeiro é que amamos os seus defeitos. É fácil amar os defeitos de nossos filhos. É difícil amar os defeitos dos adultos ou de nossos cônjuges. Esse amor de que falamos não significa complacência, não é dizer ao outro que me agrada o que ele tem de desagradável pois isso seria mentira e hipocrisia. O amor de que falamos é dar ao outro o direito de ser diferente. É dar a ele o direito de experimentar a sua liberdade. De experimentar em mim mesmo esta capacidade de amar o que é amável e de amar, também, o que não é amável. Dessa maneira passaremos de uma vida submissa para uma vida escolhida.

Então, a sombra está incluída nos lugares iluminados, a natureza é bela e pode ser terrível, na beleza da arte podemos ver seu caráter perverso e destrutivo, na beleza do encontro podem ocorrer consequências infelizes. Há também muita sombra na luz da *religião*. Em Jerusalém, desenvolvendo um trabalho na área de diplomacia entre os integralistas judeus e os fundamentalistas muçulmanos, pude observar como a beleza de uma religião pode se transformar em horror. Como lhes disse, se se faz o mal em nome do bem, algumas vezes em nome de Deus se provoca a destruição. É aí que está, verdadeiramente, o absurdo, o absurdo mais perigoso, desde que se encontra no local que deveria transmitir a graça.

Não creio que haja nisso uma ameaça ao Brasil, pois aqui se respeitam as diferentes crenças. Há, entretanto, um perigo em nível mundial no que se refere ao terrorismo religioso. Tive alguma participação no processo do extremista judeu Yigal Amir**,** que matou Itzak Rabin. Perturbou-me muito seu sorriso, o sorriso de um criminoso que mata com a consciência limpa. Dou-me conta de que a religião, esse caminho magnífico, esse convite aos homens para se reunirem à sua fonte, pode, algumas vezes, perverter-se, tornando-se um instrumento de poder e destruição.

E, então, descobre-se o absurdo no coração da graça. O que fazer nesta situação? Algumas vezes sinto a esperança diminuir porque estamos diante de pessoas que são muito seguras em relação à verdade. Que matam com a consciência limpa. O meu trabalho é fazê-las compreender que sua interpretação das escrituras não é senão uma interpretação entre muitas outras. E que podem haver interpretações menos destrutivas. Que não se trata de servir a Deus para dominar os outros, mas de estar a serviço de Deus para melhor servir a todos os seres humanos. Por isso lhes afirmei anteriormente que o único deus que não é um ídolo, o único deus que não se pode ter, é o amor. Porque o amor só se tem quando se doa. E esse não é um deus perigoso, mesmo se nosso modo de amar não é muito sublime. Portanto, esta é a sombra da luz.

Lembro também a luz que existe no coração da sombra, porque o numinoso vem unir-se a nós não somente na natureza, na arte, no encontro. Às vezes ele se junta a nós no cerne do nosso *sofrimento físico*, quando, de repente, no decorrer de um sofrimento intenso, já não sofremos mais. Como se existisse no âmago do sofrimento, um lugar que não sofresse. E dizemos: "Foi um anjo que passou por aqui. Não sei o que me aconteceu. Meu corpo continua a apresentar os sintomas do sofrimento e não estou mais identificada com esse corpo. Toquei em mim mesmo um lugar que não dói". Esta é uma experiência que podemos fazer, não é uma crença.

Entretanto, podemos compreender o que nos diz o Buda, que há em nós um não nascido, não feito, não criado e que, se eles não existissem, não haveria saída para o que é nascido, feito e criado. Não é uma filosofia, é realmente uma experiência que podemos fazer. A experiência da graça no coração do absurdo. O não sofrimento no próprio âmago do sofrimento. Não devemos falar disso a alguém que sofre porque poderia soar como um insulto. Porém, podemos lembrar que há em nós mesmos uma realidade que está além de todo o sofrimento que o eu pode viver.

Abordamos também o *sofrimento psíquico*, estes momentos em que se sente que a loucura está próxima, e para que ela chegue basta bater a cabeça repetidamente na parede... A uma razão se opõe outra razão e quanto mais se quer compreender, menos se compreende. É um momento estranho porque, se não se recusa esse absurdo que nos ocorre, haverá uma passagem para além da razão.

Vocês se lembram do belo livro de Kazantzákis, chamado *Zorba, o Grego*. Foi feito um filme a partir deste livro com Anthony Quinn no papel principal. Depois de Zorba ter trabalhado, gasto todo seu dinheiro na construção de uma mina, gasto todas as suas forças nessa construção, no dia da inauguração tudo desmorona. É o absurdo. Para construir aquela obra ele investiu todo o seu amor, toda sua inteligência e o desmoronamento traz o fracasso, a falência. O filme mostra bem esse momento de hesitação em que Zorba pode se tornar louco, louco de dor, louco pelo absurdo, a ponto de despedaçar seu rosto em uma pedra. Em seguida nota-se em seu olhar uma espécie de relâmpago e ele começa a dançar o *sirtaki*. O exemplo de Zorba pode nos iluminar, pois ele aceitou o absurdo e o fracasso. Nesse momento de aceitação, Zorba ultrapassa o fracasso e o absurdo e pode dançar sobre as ruínas de seu sonho.

Esta é a grande questão: O que fazemos de nossos fracassos, sejam eles pessoais ou coletivos? Podemos ser dominados pelo fracasso ou dançar sobre ele. Que faremos de algumas crises? Podemos nos tornar o objeto das circunstâncias e sermos dominados por elas ou podemos nos tornar o sujeito dessas mesmas circunstâncias. Poderei dizer também que o caminho não é difícil e sim que o difícil é o caminho. E o que se nos anuncia é algo muito difícil pelo menos em nível coletivo. Como fazer um caminho, deste difícil, desta dificuldade? Como abordar as crises econômicas e sociais com a nobreza do sujeito, com a sabedoria de Zorba?

Porque a sabedoria de Zorba indica que não será a necedade que terá a última palavra, nem a guerra nem a violência terão a última palavra. Contra todas as evidências, o amor terá a última palavra. Não se trata só de pensar assim, mas de aprender a amar desesperadamente, aprender a amar sem nada esperar de retorno. Amar gratuitamente, pois esta gratuidade é muito maior que a fatalidade. Na graça que existe no âmago do absurdo reencontramos nossa dignidade de seres humanos.

Poderíamos evocar outros absurdos que, na *solidão*, vêm juntar-se a nós. Mas não é fugindo da solidão que seremos menos sozinhos. É aceitando essa solidão, a incompreensão daqueles que estão mais próximos de nós, que descobriremos a verdadeira comunhão. A comunhão de duas solidões que se inclinam uma diante da outra, que se respeitam e que não solicitam à outra o seu preenchimento. Então nos tornaremos capazes de amar, não somente a partir de nossa carência, mas também a partir de nossa plenitude. Amar não é pedir para ser amado. Há muita sede em nossos amores e há também Água Viva, de tal sorte que seremos capazes de dar sem nada esperar em troca. Então veremos a graça surgir do mais íntimo do absurdo.

Há ainda a *experiência da morte*. Por que nascer para morrer? Qual o sentido desta morte? Seria preciso nos interrogarmos sobre a presença do mal no mundo. Como pensar em um Deus bom com tantas injustiças e sofrimentos no mundo? Sobre esse assunto proporia a vocês meditarmos o Livro de Jó. O Livro de Jó contém a estória de um ser humano que é confrontado com todos os absurdos e todas as injustiças possíveis e seria um grande ensinamento para nós verificarmos como ele se livrou desses males e como não cedeu às explicações fáceis de seus amigos.

Em certas situações, as explicações que podemos conhecer e possuir sobre crise, sobre a doença, sobre injustiças, não resistem. E novamente nossa questão será a de nos interrogarmos sobre o Ser que permite a beleza do lírio, da montanha, do oceano, ao mesmo tempo em que permite que uma criança seja esmagada por um ônibus.

Vem-me sempre à lembrança o dia em que eu voltava da escola com um amiguinho que tinha a mesma idade que eu – nove anos. Tínhamos olhado por muito tempo um brinquedo na vitrine de uma loja. Continuamos nossa caminhada pela calçada e, em determinado momento, meu coleguinha caiu no calçamento e um caminhão o atropelou. Na minha cabeça juntavam-se a imagem do brinquedo, da beleza, e a imagem do rosto esfacelado do meu amigo. Era impossível manter juntas as duas imagens. Entretanto, a realidade são as duas imagens, a realidade é a vida e a morte, no mesmo momento o absurdo e a graça. O momento do deslumbramento pode ser, também, o momento do horror. Como manter os dois juntos?

Isso nos remete para a própria natureza de Deus. Pensamos que Deus é somente o bem, o belo, o luminoso e, às vezes, a vida nos mostra o contrário. É preciso talvez aprender a perdoar Deus por não ser o ídolo, o ídolo luminoso que imaginamos que Ele é. Deus é uma realidade muito mais rica, que compreende o bem e o mal, a beleza de um instante de deslumbramento e o horror de uma criança atropelada. Como dissemos anteriormente a vocês, há o milagre do nascimento do Cristo e, quase ao mesmo tempo, o massacre dos inocentes.

Como manter os dois juntos? Como aprenderemos com Jó, isso vai nos obrigar a ultrapassar todas as imagens que temos de Deus, todas as suas representações. E então seremos conduzidos a esse estado de silêncio onde nada mais precisa ser dito. Porque se digo que Deus é amor, que Ele é Luz e Amor, vejo a criança esmagada, vejo os grandes crimes da humanidade. Se disser que Deus é uma força obscura que destrói todas as coisas, vem à minha memória todos estes momentos de beleza, de ternura, de amor compartilhado, e então não posso afirmar que Deus seja esse absurdo.

Temos, diante de nós, um paradoxo. O real é paradoxal e é preciso aceitar que, em dado momento, não possamos aprendê-lo porque então seremos obrigados a ir além dos opostos e dos contrários. Esse momento de silêncio e de contemplação é muito belo. Entramos na douta ignorância, não sabemos o que é Deus, mas sabemos que Ele É. Talvez seja esta a única coisa que se poderá dizer d'Ele, além de todos os qualificativos positivos ou negativos. Da mesma maneira, na nossa experiência interior, há dias em que não podemos dizer eu sou isto, eu sou aquilo, sou feliz ou sou infeliz, mas podemos dizer, simplesmente, eu sou. E este Eu Sou é a presença do mistério em cada um de nós.

# A história de Jó

Seguiremos a estória de Jó, um homem que tem filhos, que é justo, com boa reputação em sua tribo, que é rico e feliz. Um dia tudo isso lhe será tirado. As perguntas que este livro nos coloca são: O que se passou? Por que há mais mal do que bem? Por que há, no mundo, mais infelicidade que felicidade? Por que não somos todos felizes? Por que não vivemos em paz? Por que nem todos têm o que comer? Por que alguns têm tanta riqueza e a outros tudo falta?

Nos livros do Gênesis e do Êxodo este gênero de questão não era colocado. Dizia-se que Deus está na origem do Bem e do Mal. Ele tira o povo de Israel do Egito e também endurece o coração do faraó. Ele é o que faz adoecer e o que cura. Em certo momento da história verificamos que isso não é possível. Não é o mesmo Deus que faz florir a beleza do mundo e que permite o atropelamento de uma criança. Não podemos compreender isso. Tentamos então imaginar, representar, uma causa intermediária para o mal.

E nesse momento vemos nascer, na representação dos homens, aquele que vai ser chamado de *Shatan*. A partir de agora não direi mais que foi Deus quem esmagou a criança porque quero dizer que Deus é bom, que é Luz e Amor. Foi o *diabolos*, foi o *Shatan* quem esmagou a criança. É no Livro de Jó que vemos nascer esta explicação do mal e que faz do *Shatan* um instrumento de Deus. O texto o mostra como um filho de Deus. E Deus permite que *Shatan* tente Jó.

Veremos qual o sentido que os antigos hebreus dão à experiência do mal. Em hebraico, a palavra *Shatan* quer dizer obstáculo, obstáculo entre o homem e o homem, entre o homem e Deus, obstáculo interior entre a cabeça, o coração e o corpo. O correspondente na etimologia grega é *diabolos*, aquele que divide, aquele que dilacera. Portanto é o que faz obstáculo ao desenvolvimento harmonioso da vida. O que este texto nos mostrará é que o obstáculo é uma ocasião de progresso. Tornamo-nos fortes ao superarmos um obstáculo. Iremos, então, compreender os outros nomes dados a *Shatan*: o tentador, aquele que nos tenta ou, mais exatamente, aquele que nos põe à prova, que nos testa. Os antigos hebreus dirão que o sofrimento e o mal são testes, tentações, provações, para verificar o que há de verdadeiramente sólido em nosso interior.

No Pai-nosso não pedimos que nos livrem das tentações, pedimos para não sucumbirmos a elas. Os antigos dizem que as tentações são necessárias e que sem provações não se pode crescer. Cada provação é uma oportunidade que nos é dada para desenvolvermos nossa consciência e nossa força. Volto a repetir que tudo o que não nos mata, nos fortalece.

O *Shatan*, no Livro de Jó, é um instrumento de tentação, de teste, para aferir a integridade e a fé de Jó. É uma forma de explicar ao ser humano o que são as provações. É uma ocasião de progredir. Jó, em um primeiro momento, não vai compreender isso porque sua compreensão é feita somente com sua cabeça. Então, a tentação e a provação vão se tornar cada vez mais profundas.

Na primeira provação ele é tocado em suas riquezas, no seu "ter" e perde tudo o que tem. Jó vai ser tocado, também, através de seus filhos, que vão morrer. A morte de um filho é o que de pior pode acontecer aos pais. Jó, entretanto, não maldiz a Deus.

Num primeiro momento, portanto, Jó não é tocado no seu "ser". E *Shatan*, o obstáculo, dirá a Deus, ao próprio princípio da vida*: "Enquanto seu corpo for deixado em paz, ele não terá muito mérito em ser fiel a Ti"*. Observem que a atitude de *Shatan* é a atitude da dúvida, aquele que nos faz duvidar de nosso amor à vida, de nosso amor a Deus. O *Shatan* diz que, se somos amados, tudo vai bem. Mas se somos tocados em nosso corpo, em nossas afeições, o que restará de nossa fé e de nossa confiança? Então ocorre uma outra atitude do espírito: a introdução da dúvida em tudo o que fazemos. Somos incapazes de amar a vida gratuitamente, somos interesseiros. Esta linguagem é a que *Shatan* conhece.

E chega o momento em que a doença o atinge na forma de uma úlcera maligna que se espalha da planta dos pés à raiz dos cabelos e que não lhe dá repouso. Vocês podem imaginar e talvez conheçam a provação do que é ser roído em nível físico ou em nível psíquico, do que é esta realidade que impede de dormir e de ficar em paz. Jó sente coçar o corpo inteiro e esfrega cacos de telha em suas feridas. Como se quisesse libertar-se do sofrimento através de mais sofrimento. O mal, porém, continua nele. E, num ritual que a tradição judaica conhece por luto, Jó raspa sua cabeça e rasga suas vestimentas indicando, com isso, que não pode ter mais relações sociais corriqueiras ou íntimas com o seu próximo, com seus semelhantes.

Jó vai viver a solidão e através de gestos pede a todos os que o cercam para se afastarem, pois nesta dor somente ele pode entender o que lhe acontece. Mesmo assim, Jó não maldiz a Deus e diz estas palavras magníficas: "*Nu eu saí do seio materno, nu voltarei a ele. Deus me deu, Deus retomou, que o seu nome seja abençoado*". Ele foi tocado em seu corpo, em sua afeição, mas não foi tocado em sua cabeça. É capaz de dizer as palavras de sua tradição, esta tradição que reconhece que toda coisa vem de Deus e a Ele retorna, que a poeira volta à poeira e que a luz volta à luz.

Mas essa serenidade não vai durar. Em certo momento Jó grita, enlouquece, blasfema e injuria o próprio Deus. Sua mulher lhe diz: *"Por que continuas fiel a Deus? Amaldiçoa-o em teu coração!"* A mulher de Jó bem como seus três amigos são dimensões interiores de nós mesmos. A mulher representa a psique, o psiquismo. Um dos amigos representará a razão, outro representará a memória. Eles representam a linguagem de uma parte de nós que, diante de certos acontecimentos da realidade, se revolta, tenta explicar as coisas ou tenta se acalmar através de palavras. Portanto em um determinado momento, o psiquismo de Jó se revolta, porque ele não encontra razão ou causa para o que lhe acontece. O que ele está passando é a injustiça de sua infelicidade.

Todos nós já passamos por situações e sofrimentos que tinham razão de ser, que eram a consequência de nossos atos, em que nós éramos culpados e podíamos ser acusados pelo que fizemos. Mas houve também momentos em nossas vidas em que o que nos acontecia não fazia sentido, não tinha razão de ser. Isso nos parecia absurdo, revoltante e uma parte de nós dizia NÃO enquanto a outra parte tentava aceitar.

Jó se senta em cima do esterco continuando a coçar suas feridas. Durante um certo tempo permanece o dono de sua revolta. Não se permite expressar-se, não se permite acusar o criador por sua infelicidade. Seus três amigos, Elifaz de Teman, Baldad de Suas e Sofar de Naamat, vêm reunir-se a ele. O texto nos diz que eles vêm do Oriente, de países longínquos. Representam as diferentes formas de sabedoria que tentam dar uma explicação para o sofrimento de um inocente, dar uma explicação para a injustiça de certas situações.

Em um primeiro tempo os amigos de Jó ficam calados, mostrando-se assim bons terapeutas. Estão em silêncio sentados a seus pés. Lembramos que, quando estamos assim, junto a alguém que sofre, assumimos uma atitude justa. Não é preciso apressar-se em dar explicações, não é preciso apressar-se para explicar certos sintomas. É preciso ficar em silêncio e ter tempo para escutá-lo e, nesta qualidade de escuta, permitir que ele coloque suas queixas.

Os amigos de Jó ficam durante sete dias e sete noites junto dele, sem dizer palavra. Seu silêncio permite que Jó se expresse, que fale de seu desespero. Ser terapeuta é escutar sem angústia a angústia do outro. Ser capaz de escutar a angústia do outro sem se afogar com ele. De início eles são capazes dessa atitude, escutando o sofrimento e a angústia de Jó. E eles pressentem seus limites quando Jó começa a blasfemar. O texto diz: *"Jó abriu a boca e amaldiçoou o dia do seu nascimento, dizendo: 'Pereça o dia que me viu nascer e a noite que disse: um homem foi concebido. Que este dia seja de trevas. Por que não morri logo após ter sido concebido?'"*.

Em seguida, vem um trecho que pode nos chocar, pois está na Bíblia e parece fazer a apologia do aborto. Jó diz que a sorte do abortado é melhor que a sua. É importante que este trecho faça parte da Bíblia para nos lembrar certos momentos de nossa existência em que podemos ter tido o mesmo desespero, o desejo de não termos nascido, o desejo de ter sido abortado, a recusa de deixar nascer uma criança. A Bíblia não diz que isso é bom, mas lembra ao terapeuta que ele deve ser capaz de escutar esses gritos e, em vez de julgar aquele que grita, acompanhá-lo, permitir que ele não se identifique com esse sofrimento. E ele diz: *"Tal qual aborto escondido, eu não teria existido nem teria visto a luz do dia. Melhor seria não ter nascido"*. Jó começa a perder a razão, amaldiçoa a vida, lamenta o fato de estar vivo. Para que serviu ter tido filhos, para que serviu ter sido justo, para que serviu ter feito o bem? Tudo foi absurdo e de nada lhe serviu. E tanto o bem quanto o mal terminam em uma vala comum.

Nenhum filósofo existencialista falou com tanto realismo sobre a violência, sobre o absurdo de certas condições humanas. Nós também temos o direito de viver essa revolta. A partir de um certo momento os amigos de Jó não conseguem mais suportar sua linguagem. Talvez para se tranquilizarem, talvez para consolar seu amigo, eles começam a falar. À medida que falam, em vez de ajudá-lo eles o enterram mais e mais, porque ajuntam a culpa ao sofrimento.

Elifaz de Teman tenta explicar o que acontece com Jó através da lei de causa e efeito, que no Oriente se chama lei do carma. Diz a Jó que, se hoje ele sofre, se lhe ocorre toda esta infelicidade é porque ele cometeu atos repreensíveis. Tudo isso é a consequência de seus atos. Jó resiste diante das palavras de Elifaz dizendo: *"Não é verdade, sei o que fiz e no que fiz não há nada que mereça tal calamidade"*. Como se, por exemplo, eu dissesse que se estou com indigestão não é porque comi demais há pouco. Enfim, se eu tenho este acréscimo de sofrimento não é o meu comportamento que vai explicar.

Jó recusa as explicações racionais de Elifaz de Teman, porque ele tenta acalmar sua dor culpando-o de ser a causa de sua doença. Este discurso é muito ouvido atualmente. Se temos um câncer ou outra doença qualquer, ela é a consequência de nossos atos ou a consequência dos atos de nossa família ou da coletividade em que vivemos. Procura-se uma causa para as dificuldades que nos ocorrem. Esta abordagem completamente humana e muito simples é o próprio processo do diagnóstico. Se me acontece tal infelicidade deve haver uma causa para isso.

E Jó diz: NÃO.

Elifaz de Teman, vendo que seu discurso não serve para nada, entra em transe e diz que quem fala através dele é uma revelação. Atualmente também, quando não queremos escutar a voz das explicações podemos ser mais sensíveis à voz dos anjos ou à voz de um certo número de mensageiros recebidos em um estado não ordinário de consciência. Elifaz diz mais ou menos assim: *"Tive uma revelação furtiva, fugaz, na hora em que as visões noturnas agitam os pensamentos. Um sopro deslizou em minha face. Alguém se ergueu. Não reconheci seu rosto, mas a imagem permaneceu diante de meus olhos".* Portanto, Elifaz não fala mais com a voz da razão e sim com a linguagem da visão. Aquela linguagem das mensagens vindas de fora que o fazem tremer de pasmo e de terror. Mas estas visões, estas mensagens têm a mesma finalidade – dizer a Jó que, se lhe acontece uma tal infelicidade, somente a ele cabe a responsabilidade. Que ele não pode acusar pessoa alguma, muito menos Deus, que é bom. Somente Jó é a causa de tudo que lhe acontece.

E Jó diz NÃO.

Ele resiste à voz da explicação pelo carma e sabe que os anjos e as visões que vêm através de Elifaz de Teman são mentirosos. Vemos em Jó uma força de caráter que não quer se deixar vencer por ninguém. Frequentemente ele dirá: *"Quem são vocês para falarem comigo dessa maneira? Com suas belas explicações, com suas grandes visões, com suas mensagens maravilhosas, vocês estão no meu lugar? Vocês sabem o que é sofrer sem razão?"*

Sua revolta continua e nesse momento entra em cena seu outro amigo, Baldad de Suas, que será não mais as vozes da razão e da visão mas as vozes da memória e da tradição. Lembra-lhe que nunca se viu, sobre a terra, um justo sofrer. Por isso seu sofrimento só durará um momento. Diz ele: *"Interrogue as gerações passadas, medite sobre a experiência adquirida por nossos pais. Nossa vida sobre a terra passa como a sombra. Quem esquece de Deus sofre, mas nunca se viu um homem justo ser coberto de infelicidade".* Esta voz, em vez de ajudar Jó a transformar seu sofrimento, acusa-o uma vez mais. Diz-lhe que, se ele sofre, é porque não é um justo.

Além disso, esse amigo o faz lembrar que outrora era ele quem consolava os infelizes. Semelhante ao provérbio "médico, cura-te a ti mesmo", lembra que Jó tinha o *status* de sábio e agora o que resta de sua sabedoria? Observamos aqui que há uma sabedoria anterior e outra posterior à loucura. Se Jó vai reencontrar a sabedoria, fará isso assumindo a loucura. É importante para nós este ensinamento porque, quase sempre, nossa sabedoria é de seres humanos racionais e é muito frágil. Quando formos tocados em nosso corpo, na profundeza do nosso psiquismo, quando estivermos diante do absurdo e do inaceitável, o que restará de nossa bela sabedoria?

Jó está aprendendo a aceitar sua loucura. Está a caminho de uma outra sabedoria que não é aquela da razão, das mensagens, da tradição e das memórias, daquela que ele acumulou através dos séculos. Está a caminho de uma sabedoria que assume o absurdo.

O texto diz que Jó continua a se queixar. Virá um outro amigo, Sofar de Naamat, um rapaz jovem e carismático, que lhe dirá: *"Todos os sábios que lhe falaram não sabem nada e o que você diz é só loucura. Eu, porém, recebi o Espírito de Deus".* Algumas vezes, no decorrer de nossa vida, escutamos este tipo de voz em pessoas muito imaturas, que não viveram bastante, que não sofreram muito, que não conheceram muito o prazer ou a infelicidade. Essas pessoas têm a pretensão de nos dizer o que é justo e o que não é justo, pretendem falar em nome de Deus e ser seus instrumentos.

E Jó diz NÃO.

Jó diz não a todas as explicações que se quer dar a ele, quer sejam explicações humanas, quer sejam explicações divinas. Entre as explicações divinas há uma que lhe é particularmente insuportável, a de que quem muito ama muito castiga. *"Se Deus lhe pune dessa maneira é porque te ama. Se você sofre é porque Deus te ama".* Algumas vezes escutamos essas palavras, como se o sofrimento fosse uma coisa boa.

Jó responde como Santa Teresa de Ávila quando um dia o Cristo lhe fala. Ela sentia muitas dores em seu corpo e uma de suas fundações fracassara. O Cristo dentro dela lhe disse: "É assim que trato meus amigos". Ao que Teresa respondeu: "Não é de admirar que você tenha tão poucos".

Jó é assim. Não pode crer na injustiça de Deus, não pode crer em um Deus sádico, um Deus que tem prazer no sofrimento dos inocentes. Responde a seu amigo dizendo que tudo isso são elucubrações humanas. Chegamos ao momento em que Jó está perdendo a fé. Já perdeu seus filhos, sua saúde, suas riquezas e agora está perdendo seu Deus. Está perdendo seus pontos de referência, sua explicação coerente do mundo em cuja origem estaria uma vontade benevolente. Descobre que a realidade é completamente diferente.

É um momento difícil, pois não tem mais Deus. *"Por que me abandonaste? Não tenho mais razão para existir, não tenho mais razão para sofrer, tudo o que me dizem parece mentira ou hipocrisia".* Nós sabemos que a maior dor é aquela à qual não podemos atribuir um sentido. Os amigos de Jó não são maus terapeutas já que procuram dar um sentido à sua dor para que ele sofra menos. Esse sentido eles procuram em uma explicação humana ou divina.

Entretanto, o que Jó está vivendo é uma dor sem sentido. Uma dor que alguns de nós já vivenciou, aquele vazio no âmago da depressão que nos dá vontade, como Jó teve, de acabar com a vida. *"É preferível morrer do que sofrer assim".*

Preferir morrer que envelhecer, que se sentir degradar lentamente – muitas pessoas já pensaram nessa possibilidade. Jó é, verdadeiramente, um arquétipo que podemos experimentar na profundidade de nós mesmos, na nossa profundidade mais desesperada.

Há algo mais profundo que o desespero? O Livro de Jó nos mostra que há algo mais profundo que o desespero, algo mais profundo que o inferno, algo mais profundo que o absurdo. Se há um "algo mais profundo" esse "algo" deve assumir o absurdo, o contrassenso. Da mesma maneira, há uma luz absorvida pela sombra, como os buracos negros que absorvem o maior brilho das estrelas, como os universos que desaparecem em um instante.

Em psicologia há também uma experiência de buraco negro. Todo o universo se reabsorve e nada mais resta das razões, das explicações, nada mais resta das imagens, das representações. O ser humano desce à profundeza da morte, do ser mortal. E então, da profundeza do túmulo, nascerá uma voz.

É aqui a conclusão do Livro de Jó. Quando seus amigos se calaram, quando ele silenciou após ter gritado e chorado, uma voz nasceu de dentro dele lembrando-lhe que a questão não é de felicidade ou não, a questão não é haver mais mal que bem, mais sofrimento que felicidade. A questão é por que há mais o ser que o nada. Será você o criador da inteligência? Quem é você? Quem é você para se queixar? Quem é você para explicar o que lhe acontece? Diga-me, de onde vem a vida? De onde vem sua respiração? De onde vem seu pensamento? De onde vêm suas perguntas? De onde vem seu desespero?

A voz silenciosa leva-o a este espaço dele mesmo que chamamos "Eu Sou", que é o nome impronunciável de Deus (IHVH – Yod He Vav He), "Eu Sou quem Eu Sou". A partir desse momento Jó dirá que falou como um louco: *"Eu Te conhecia por ouvir dizer, tinha apenas algumas ideias sobre Ti. Agora, eu fiz a experiência. Fiz a experiência do meu nada. Eu não sou nada. E o que eu sou é um outro. Quem sou eu para me queixar?"*. Jó está na presença do Ser, faz a experiência que nada lhe é devido, a amizade não lhe é devida, a saúde não lhe é devida, a vida não lhe é devida. Nada lhe é devido, porém tudo lhe é dado.

Assim termina o Livro de Jó. O texto refere que ele reaverá tudo o que possuiu outrora. Essas palavras simbólicas significam que quem passou pela experiência da morte, pela experiência do absurdo, pela experiência do vazio, quem conheceu seu nada, sua vacuidade, receberá agora todas as coisas, não mais como o que é devido, mas como um dom. O simples fato de respirar é um presente. O simples fato de poder pensar, compreender, amar, é não apenas maravilhoso, é um dom.

Vemos que o processo que é descrito no Livro de Jó é o mesmo processo que Jung chama de individuação. Geralmente, recebemos todas as coisas normais como se nos fossem devidas e é preciso, eventualmente, que elas nos sejam tiradas para que passemos a apreciar todas estas coisas como um dom.

Poderia terminar dizendo que no olhar da criança há a claridade e no olhar do ancião há a luz, uma luz que viu a noite, uma paz que conheceu a provação. Não é mais a ignorância daquele que não sabe, é a ignorância daquele que sabe, que sabe que não há nada para compreender, nada para aprender. O que se pode apreender, o que se pode agarrar, não é o essencial. Talvez tenhamos conhecido homens e mulheres que têm essa sabedoria, essa inocência. Uma inocência que não é infantil, uma inocência que nasceu da provação. Não o frescor da juventude mas o frescor da eternidade, o frescor daquilo que em nós não pode morrer. O frescor do que é maior que o absurdo.

É preciso toda uma vida para penetrar este texto que conta a aventura de Jó. Entretanto, o essencial é que ele nos diz que a graça está no âmago do absurdo. Que há um sentido além do sentido, que há um Deus além dos nossos deuses, que há uma serenidade além de nossas pequenas tranquilidades. É para lá que desejamos ir.

# Perguntas

1. *Jean-Yves, fale um pouco mais sobre as experiências em que conhecemos os lugares desconhecidos de nós mesmos, através do olhar de amor do outro.*

**Jean-Yves** – Esta é uma questão muito íntima porque cada um de nós sabe o que está querendo esconder do outro. Talvez um defeito físico, talvez uma parte de si mesmo com a qual não está satisfeito, uma ação que cometeu em um determinado momento de sua vida e que quer conservar escondida. Em algumas famílias existe o que se chama de "fantasma" – um tio que levou uma vida desregrada, um avô que se enforcou – e o assunto se torna proibido para todos. As crianças são, em sua maioria, muito sensíveis a esse "não dito" e podem tornar-se possuídas pelo assunto do qual nunca se fala. O que escondemos de nós mesmos?

Por outro lado, penso, também, que não devemos nos mostrar nus diante de qualquer um. Não podemos nos mostrar nus diante de alguém que pode se servir de nossa nudez, de nossa vulnerabilidade, para afirmar seu poder. Algumas pessoas, em nome da transparência, advogam o dizer tudo, que é preciso mostrar tudo. Respondo dizendo que só devemos nos mostrar nus diante do amor, para que não se aproveitem de nossa nudez, de nossa sinceridade, de nossa autenticidade, para nos manipular.

O Evangelho diz que não se deve jogar pérolas aos porcos, quer sejam nossas pérolas de luz, ou de sombra. Para Jesus, os porcos são aqueles que comem as pérolas e as reduzem ao seu tamanho. E, seja uma experiência feliz de nossa vida ou, pelo contrário, uma experiência infeliz, elas podem ser danificadas pelo olhar que é posto sobre elas.

Nossa vida vale pelo olhar que é posto nela. Os olhares de juiz nos enchem de culpa. Há olhares benevolentes, misericordiosos e, ao mesmo tempo, justos. Precisamos desses olhares porque todos nós temos necessidade de verdade e de sermos amados. Por vezes os olhares que encontramos são muito amorosos, muito doces, mas falta a eles esta exigência de verdade. Outras vezes, os olhares que se colocam sobre nós são plenos de verdade e de justiça, mas falta a eles a misericórdia e o amor.

Alguns ícones da igreja ortodoxa mostram isso. Conheço um ícone do século VI no qual Jesus tem um olho muito doce e terno e o outro olho acentuadamente justiceiro. Neste ícone está simbolizado o olhar integral do qual temos necessidade a fim de nos vermos tal e qual somos. Porque a verdade sem amor é Inquisição e o amor sem verdade é permissividade.

Estas são reflexões gerais e cada um pode entrar em particularidades que lhe são próprias, sentindo se existe em sua vida alguém que pode suportar sua sombra sem julgá-la, apesar de não se mostrar complacente para com ela. Creio que todos nós temos necessidade, pelo menos uma vez em nossas vidas, de um tal olhar pousado sobre nós. Nesse momento não teremos mais necessidade de mentir, de nos iludirmos, de usarmos máscaras. Podemos mostrar nossa verdadeira face, nosso verdadeiro corpo, com seus desejos e seus medos. Podemos mostrar nossa verdadeira inteligência com seus conhecimentos e suas ignorâncias. Mostrar-se com o coração verdadeiro, capaz de muita ternura e também capaz de dureza e indiferença. Mostrar-se como não perfeito, mas aperfeiçoável. Sob este olhar nossa vida pode crescer. Porque o olhar que nos julga e nos aprisiona em uma imagem faz-nos ficar parados, enquanto que o outro olhar nos impulsiona a dar um passo adiante desta imagem que os outros têm de nós.

2. *Tento colocar duas perguntas convergentes. a) Gostaria de saber o que fazer para perdoar uma pessoa por inteiro. Tenho o desejo, tenho a intenção, mas não consigo perdoá-la inteiramente. Quais os passos para nos reabrirmos ao amor? b) Muitas tradições religiosas pregam o perdão incondicional, muitos praticantes sinceros vivem este perdão incondicional. Entretanto, alguns anos depois, descobrem que estão com uma enfermidade no aparelho digestivo ou alhures, por não terem se permitido viver suas raivas. Quero viver este perdão incondicional, mas não quero adoecer. Qual o caminho do meio?*

**Jean-Yves** – Você tem razão em não querer ficar doente. O perdão, quando bem compreendido, é um instrumento de cura. Frequentemente ficamos doentes porque não perdoamos e o rancor e a cólera nos corroem o fígado e os rins. A questão é como manter juntos o perdão e a justiça, uma boa continuação da pergunta anterior – manter juntos o olho da verdade e o olho da misericórdia.

Creio que não devemos perdoar muito rápido. É necessário, antes de perdoarmos, que expressemos o sofrimento pelo que nos foi feito e a isso chamo *justiça*. O Sinal da Cruz, tal como era feito nos doze primeiros séculos de nossa era, expressava bem esse sentimento. Começava-se por uma linha vertical, da testa ao peito, em seguida levava-se a mão ao ombro direito e depois ao esquerdo (atualmente faz-se o contrário), simbolizando a passagem da justiça para a misericórdia. Começando sempre pela justiça, exigindo que fosse reconhecido o mal que nos foi feito, o inaceitável de certas situações e de certas violências. Portanto, o pedido de justiça é essencial. Mas é essencial, também, ir além da justiça, em direção à misericórdia, em direção ao perdão, em direção ao lado esquerdo que é o lado do coração.

O que é o perdão? O perdão é não aprisionar o outro nas consequências negativas de seus atos. É não nos aprisionarmos nas consequências negativas de nossos atos. É não nos aprisionarmos ou aprisionarmos o outro no carma. O perdão é a própria condição para que nossa vida continue a ser vivível. Se não perdoarmos uns aos outros a vida vai se tornar impossível de ser vivida.

Voltando à primeira parte da pergunta, como fazer para que este perdão se torne algo verdadeiro? Platão dizia: "Aquele que tudo compreende, tudo perdoa". Aquele que se conhece a si mesmo, com suas ambiguidades, suas ambivalências, pode compreender o outro em suas sombras. Portanto, inicialmente, o perdão pode ser uma questão de inteligência, de compreensão. Perdoar você significa que eu o compreendo, mas não quer dizer que eu o desculpo ou que o que você fez é bom. Compreendo que você é um ser humano, que é capaz de me enganar como eu próprio faria se, provavelmente, estivesse nas mesmas condições.

A atitude de Cristo aos que queriam lapidar a mulher adúltera é: "Aquele que estiver sem pecado atire a primeira pedra". Lembrem-se como aos poucos todos se retiraram, do mais velho ao mais jovem. Nesse caso Jesus se serve da Sagrada Escritura, não para mostrar aos outros como eles são pecadores, mas para fazê-la de espelho onde eles podem ver suas fraquezas, suas falhas e compreender as dos outros, não os aprisionando nas consequências negativas de seus atos.

Além de perdoar com a cabeça é preciso perdoar com o coração e, vocês sabem, o corpo é o último que perdoa. Se alguém lhes fez mal, se lhes causou sofrimento, vocês podem tê-lo perdoado com a "cabeça", tê-lo compreendido com o coração, pensar que o passado passou. Entretanto, quando essa pessoa se aproxima, seu corpo se crispa e se enrijece mostrando bem que ele ainda não perdoou, que muitas memórias estão ainda bem guardadas.

Creio que é verdadeiramente uma graça quando nos encontramos perto de alguém que nos tenha feito mal e sentimos nosso corpo calmo, nosso coração límpido. Podemos dizer que, verdadeiramente, estamos curados. Por isso, creio que o perdão é uma prática de cura.

No Pai-nosso se diz: Perdoai-nos do mesmo modo como perdoamos. Como se o dom da vida só pudesse circular em nós dependendo de nossa capacidade de perdão. Se não perdoamos ficamos prisioneiros, bloqueados em uma situação, em um rancor, e a vida não pode circular.

Perdoar não é fácil...

Quando eu era um jovem padre e morava no interior da França, todos os domingos levava uma senhora paralítica à missa. Ela era portadora de esclerose em placas. Um dia contou-me do ódio que nutria pela mãe porque a tinha impedido de casar-se com o homem que amava, e, apesar disso, passara a vida inteira cuidando da mãe, ocupando-se dela. Apesar de exteriormente comportar-se como uma mulher respeitável e admirável, dizia-me que em seu interior só havia raiva. A dureza de seu coração impregnara seu corpo, transformando-o em um corpo rígido e paralisado. Assim, as doenças psicossomáticas têm, às vezes, uma origem espiritual.

Disse a esta senhora: "Já que você é cristã, pode perdoar sua mãe". Tornou-se encolerizada e, com uma raiva muito densa e muito íntima, respondeu-me: "Não, não, jamais a perdoarei. Minha mãe impediu-me de viver, o que sinto por ela é um veneno que levarei ao túmulo". Neste momento compreendi o meu erro e lhe disse: "Você tem razão. O que você viveu é imperdoável. Você não pode perdoar quem a impediu de viver. Mas pense, creia, o Cristo que existe em você pode perdoá-la". Atualmente eu lhe diria: "O ego não pode perdoar: Não se deve tentar perdoar com o ego. Entretanto, talvez o *self* possa perdoar. Talvez haja dentro de nós uma dimensão maior que nós mesmos, mais amorosa que nós mesmos, mais inteligente que nós mesmos, que pode compreender e perdoar". Passaram-se cinco longos minutos. Em dado momento vi uma lágrima correr pela face daquela senhora. Ela chorou, chorou muito. Levantou-se da cadeira de rodas e saiu andando de seu quarto. Há mais de quarenta anos não chorava, há mais de dez anos não andava. Esse é o milagre do perdão.

Muitas vezes, está acima de nossas forças perdoarmos a partir de nosso pequeno ego. Se disséssemos "eu te perdoo", seríamos hipócritas, pois nosso corpo e nosso coração não conseguem perdoar. Porém, podemos abrir-nos a uma dimensão mais vasta que nós mesmos e então o perdão pode chegar.

O perdão não é humano, é um ato divino. Quando Jesus perdoa, seja a mulher adúltera, seja Míriam de Magdala, seja um "colaborador" como Zaqueu, os fariseus que o cercam se perguntam: "Quem é este homem que perdoa? Pois só Deus pode perdoar".

Assim, é preciso lembrar que, cada vez que perdoamos depois de termos pedido justiça, acordamos para uma dimensão divina de nós mesmos. O perdão é um exercício de divinização onde o humano se torna divino. Continuando humanos, temos que reclamar justiça e, quando for possível, dizer o que foi mau ou destrutivo para nós e pedir uma reparação. Também somos capazes de misericórdia e de perdão. Portanto, é preciso que mantenhamos juntos o humano e o divino dentro de nós. Mantenhamos juntas a justiça e a misericórdia. São dois olhos, às vezes, estrábicos. Podemos esquecer a justiça e nosso perdão ser superficial, podemos esquecer o perdão e partirmos para uma justiça inquisitorial.

3. *Jean-Yves, o Brasil, bem como grande parte dos países latinos, vive um momento de grande incerteza. Muita violência explícita e sutil, pela quantidade de oportunidades que nos são negadas para poder evoluir espiritualmente. O absurdo, como manifestação da indiferença, da apatia, da impotência, virou normalidade. Gostaria que nos orientasse, da maneira mais prática possível, sobre nossa evolução espiritual neste país.*

**Jean-Yves** — Do ponto de vista prático, podemos dizer que, antes de querer fazer o bem, antes de levarmos luz à sombra, importa não acrescentar sombra a sombra, violência a violência, julgamento a julgamento. Há muito sofrimento no mundo e não é preciso ajuntar mais sofrimento ao sofrimento. Por isso, a primeira coisa que podemos fazer é tentarmos ser felizes, pelo menos um pouco. Porque se estivermos com um pouco de paz, haverá um lugar no mundo em que existe um pouco de paz.

Já contei a vocês o sonho que teve o jovem Davi. Deus lhe disse: "Davi, o mundo vai mal, é preciso salvar o mundo". Pela manhã, quando acordou, Davi respondeu a Deus: "Sim, Senhor, eu vou salvar o mundo". Davi perguntou a si mesmo por onde começar, pois o mundo era muito grande. Pensou em começar pelo seu país, mas seu país era muito grande. Por onde poderia começar? Por sua cidade? Mas sua cidade era muito grande. Quem sabe vou começar pelo meu edifício, mas o meu edifício é muito grande. E assim, pouco a pouco Davi compreendeu que ele devia salvar o mundo começando pelo seu próprio quarto, começando pelo seu próprio coração porque a sua inteligência, o seu coração, o seu corpo eram este pedaço de universo que lhe foi confiado, este pedaço da sociedade que lhe foi confiado.

Se quisermos muito mudar os outros, mudar a sociedade sem primeiro mudar a nós mesmos, geramos um totalitarismo que vai conduzir a outro totalitarismo e, quer ele venha da direita ou da esquerda, é sempre a mesma atitude, a mesma vontade de poder. Creio que, hoje, uns e outros, somos como Davi. Sabemos o que vai mal no mundo, podemos nos lamentar, julgar a causa deste ou daquele problema, mas nada mudamos porque é preciso começar por este pedaço de humanidade que nos foi confiado. A partir daí as coisas realmente podem se transformar. E essa atitude nossa não será visível imediatamente mesmo que seja efetiva, pois, como nos lembram os físicos, tudo está ligado com tudo e, portanto, todo homem que se eleva, eleva o mundo.

Um dia fizeram a seguinte reflexão à madre Teresa de Calcutá: "Para que serve o que fazeis? Ajudais um ancião a morrer e se olhais na rua eles morrem às centenas. O que fazeis não serve para nada. É apenas uma gota d'água no oceano, uma gota d'água neste oceano de miséria que existe no mundo." Ao que madre Teresa respondeu: "Eu sei que o que faço é apenas uma gota d'água, mas o oceano é feito de gotas d'água". Nós todos, cada um de nós é uma gota d'água e é nossa responsabilidade transformar este oceano de miséria e de dor em um oceano de água doce e clara. Esta resposta é um convite a uma prática, às vezes humilde e invisível. Alguns teóricos, com suas grandes teorias sobre as dificuldades econômicas e políticas, sobre a violência, apenas remexem em água lamacenta. E, em vez de remexer a água turva, é preciso trocar de vaso, mudar de comportamento, mudar de consciência. Essa prática nós a encontramos em todas as grandes tradições espirituais da humanidade.

Não se pode mudar o mundo e a sociedade sem primeiro transformar-se a si mesmo. É por aí que é preciso começar. Começar não acrescentando perturbações e dores. Começar por estar em paz, olhando tudo com limpidez e transparência. Então, alguma coisa dessa transformação interior poderá se comunicar ao exterior. É preciso olhar onde estamos colocados na sociedade, o que nos é pedido. A alguns é pedido que falem, que se sirvam de sua inteligência para observar as consequências de tal ou tal crise. A outros é pedido que se ocupem de alguém que vive na rua, que trabalhem com suas mãos, que levem um pouco de ternura e paz ao coração de alguém.

Não devemos nos comparar com ninguém e cada um de nós sabe o que, realmente, tem a fazer. Não existem coisas pequenas ou grandes. Existem maneiras pequenas de fazermos o que temos a fazer, assim como existem maneiras grandes de fazer as pequenas coisas que temos a fazer. É este caminho que nos foi dado para caminhar.

*4. Quero conhecer você um pouco mais e por isso faço algumas perguntas que podem ser indiscretas. Várias pessoas dizem que você pertence à Igreja Ortodoxa. A qual delas você pertence? A que você se dedica atualmente?*

***Jean-Yves*** – Com essa pessoa eu deveria ter uma conversa particular e se seu olhar fosse benevolente, poderia mostrar-me tal qual sou...

De um modo mais geral, o padre ortodoxo pertence a uma tradição antiga da Igreja quando ela era uma comunhão de várias igrejas. Assim existe a igreja que está em Jerusalém, a de Antioquia, a de Alexandria, a de Roma. Cada igreja está estabelecida sobre o ensinamento de um apóstolo, tais como de Pedro, João, Tomé (este, da igreja da Índia). Pertenço à Igreja Ucraniana que recebeu a fé dos apóstolos através da Igreja Grega tendo, portanto, uma relação apostólica com o evangelista João, da mesma maneira como a Igreja Romana tem uma relação com São Pedro. Não é preciso opor as igrejas umas às outras.

E, respondendo à sua pergunta sobre o que eu faço agora, é um pouco neste sentido que eu trabalho, ao mesmo tempo em uma forma de enraizamento e de abertura. Pertenço a uma tradição, que é a tradição cristã, mas esta tradição não se opõe às outras. Dizia um Padre do Deserto: "A água que cai em um campo floresce vermelha na papoula, azul no miosótis, branca no lírio". Formamos um buquê de flores diferentes, com diferentes cores, somos de religiões diferentes com diferentes formas de amor e de inteligência.

5. *Para defendermos nossa interpretação não violenta das Escrituras, da curta interpretação fundamentalista que utiliza o terrorismo, você crê que seja válido utilizarmos, também, a violência?*

**Jean-Yves** – Leonardo Boff responderia melhor esta pergunta porque ele é um homem que já viveu estas situações. Ele nos lembra que Jesus era doce mas não era mole e que, diante de certas situações de injustiça, como, por exemplo, dos vendilhões que ocupavam o templo, ele foi capaz de violência e os expulsou.

Sua questão é a questão da "não violência" e isso lembra também a palavra de Jesus: "Se alguém bater em um lado de sua face, ofereça-lhe o outro lado". Proponho que meditemos muito bem esta frase porque a não violência não é a fuga, não é a covardia. A covardia é cúmplice da violência. O que Jesus procura é uma solução. Se respondemos à violência com violência só estamos aumentando essa violência.

A humanidade atravessa diferentes etapas. Quando, por exemplo, é morto alguém do exército, em revanche o exército destrói a aldeia onde mora o assassino. A resposta a uma morte são centenas de mortes. Esta lógica funciona em alguns países. O limite para isso vem do tempo de Moisés – quando um homem é morto, só um homem será morto, olho por olho e dente por dente, se você me arranca um olho eu lhe arrancarei somente um olho, e assim por diante.

Jesus tentará dar um passo além disso – se me arrancas um olho, não devolverei a violência arrancando-te outro olho, procurarei uma solução que não acrescente violência à violência. O que Ele propõe não é fugir ou apresentar a mesma face porque apresentar a mesma face seria masoquismo. Ele propõe apresentar a *outra face*. É um simbolismo que indica opor uma outra maneira de ser, não acrescentar violência, interrogá-lo sobre o que ele está fazendo, fazê-lo voltar à consciência, restaurar sua condição de "sujeito". Isso é possível em algumas relações interpessoais.

Um outro caso é se estamos diante de um ditador que se serve das Escrituras e do nome de Deus para destruir. É um caso mais difícil de lidar e temos por obrigação evitar o pior. Evitar o pior é tirar desses indivíduos que têm muito poder, que manipulam pessoas em nome de Deus, a possibilidade de prejudicar. Não há resposta pronta para isso. No meu trabalho, quando proponho uma outra interpretação das Escrituras, lembro que Deus nunca fala diretamente. Fala sempre através de uma palavra humana, mesmo se algumas pessoas se arvoram em "canais de Deus". Esse canal de Deus tem uma linguagem, linguagem que pertence a um povo, a uma cultura, com as limitações dos inconscientes pessoal e coletivo. Portanto, Deus fala através dos limites humanos e, compreender isso, é evitar idolatrar nossas palavras e não se servir delas para oprimir os outros.

Dizer que a palavra está entregue à nossa interpretação é afirmar ao homem sua liberdade. A liberdade de interpretar é a própria condição do ser humano, quer seja interpretar um texto sagrado, os sintomas de uma doença ou o sentido de um encontro. O homem está condenado a interpretar e aí reside sua liberdade. O homem não é absoluto. Ele tem sempre interpretações relativas do absoluto. E, quando ele tem o sentido de sua relatividade, da relatividade de suas afirmações, torna-se menos perigoso.

Posso ser honesto dizendo eu penso isso, eu penso aquilo, mas isso não é a verdade e sim a minha interpretação da verdade. Encontramos esta atitude nos verdadeiros cientistas. Quando eles observam a matéria, não falam da realidade da matéria, interpretam essa realidade com as limitações de seus instrumentos de conhecimento. Se isso é verdadeiro para a matéria, também é verdadeiro para a psicologia.

Toda interpretação de um sintoma é uma interpretação relativa, por isso não se pode dizer a alguém que tal doença vai levá-lo à morte. Não se pode aprisionar uma pessoa em seus sintomas – já conversamos com vocês sobre isso quando enfocamos o Colégio Internacional dos Terapeutas. O Terapeuta é aquele que pratica a arte de interpretar. É aquele que não aprisiona pessoa alguma em seus sintomas, embora lhe diga que tem tal ou tal dificuldade. Essas dificuldades não são o todo dessa pessoa. Então podemos transformar uma palavra que foi mal-dita, uma maldição, um mal-dizer, em uma palavra bem-dita, uma bênção, um bendizer.

Eu não sou um câncer, sou uma pessoa que tem um câncer. O meu trabalho, a minha liberdade é saber o que vou fazer destes sintomas, deste sofrimento, desta doença. Assim, o terapeuta me devolve minha dignidade. E posso fazer a ligação entre a interpretação dos textos, a interpretação dos sintomas e a interpretação dos acontecimentos de minha vida.

A leitura das Escrituras Sagradas pode fechar-me em mim mesmo, pode impedir-me de pensar. Chamo a isso de catecismo, uma certa leitura das Escrituras. Da mesma maneira, posso enclausurar alguém fazendo uma certa leitura de seus sintomas. E tanto nas Escrituras quanto nos sintomas, ou nos acontecimentos de minha vida, sou sempre maior do que aquilo que compreendo de mim mesmo.

6. *Fale-nos sobre Lúcifer.*

**Jean-Yves** – Lúcifer é um destes numerosos nomes que tentam expressar esta força negativa, esta dobra na consciência que nos impede de viver simplesmente. A palavra simples vem de *simplicitas* e significa estar sem dobras, sem pregas. As crianças quando nascem geralmente estão muito amassadas, muito enrugadas. Nós estamos cheios de dobras e é preciso toda uma vida para nos desdobrarmos, desenrugarmos, para nos tornarmos simples. Por exemplo, Picasso dizia que se leva muito tempo para se tornar jovem.

Lúcifer é uma prega. É a consciência que se dobra sobre si mesma. Quando medito, sou eu que me olho meditando. Quando faço algo de justo e bom, sou eu que me orgulho. Acontece uma volta sobre si mesmo. Está bem claro que Lúcifer é uma luz, uma luz de autossatisfação que pode se transformar em obstáculo, que pode se tornar um *Shatan*. Por isso, Lúcifer ou Satã são maneiras de falar da mesma realidade.

Além disso, no próprio nome de Lúcifer há uma referência à luz. Esta noção nos vem do *mazdeísmo*, uma antiga tradição de Zoroastro. E o que ela nos exprime é que os maiores obstáculos sobre o nosso caminho espiritual podem ser alguns estados luminosos que se podem tomar por Deus. Lúcifer é o reflexo de Deus que se toma pela realidade de Deus.

Quando se tem uma prática de meditação pode-se chegar, interiormente, a estados de consciência muito puros, muito luminosos. E pode-se tornar idólatras destes estados de consciência. O Dalai Lama diz que o Nirvana não é um estado de consciência e que o perigo, no caminho espiritual, é tomar um estado de consciência particular pela consciência em si mesma. Lúcifer é um estado de consciência luminoso que se pode tomar por Deus e que, portanto, faz obstáculo a Deus. Vejam como é uma realidade muito sutil.

Outras vezes, os obstáculos mais perigosos não são aqueles que melhor se vê. São João da Cruz diz que, quer um pássaro esteja preso por uma corrente grossa, quer esteja preso por um simples fio, ele não poderá voar. A única vantagem da corrente grossa é que nós a vemos. Podemos estar apegados a coisas ou a pessoas muito visíveis, mas há apegos mais sutis, apegos a doutrinas, a posturas de meditação, a estados de consciência. Esses apegos podem nos impedir de levantar voo.

O despertar do Buda ocorreu no dia em que ele parou de procurar o despertar. Enquanto estivermos à procura de um estado de consciência particular que etiquetamos com o nome de Absoluto, estaremos em presença dessa realidade que se coloca sob o nome de Lúcifer.

7. *Estabeleça uma conexão entre o tema deste seminário, o "Absurdo e a graça", com o exercício do magistério, com a missão do educador.*

**Jean-Yves** – A arte do educador, como a arte de ser pai, de ser mãe, é ser capaz de mostrar a seu filho ou àquele a quem você acompanha ao mesmo tempo sua grandeza e sua fraqueza.

O grande drama de minha vida foi ter uma mãe perfeita, ou melhor, que se apresentava como perfeita. Ela nunca me mostrou uma fraqueza sua, sempre tinha razão seja sobre meu pai, seja sobre seus amigos ou seus filhos. E é muito difícil viver com alguém perfeito. Se o educador ou o pai quer educar sua criança, não para a perfeição mas para a inteireza, para essa inteireza que lhe permitirá aceitar sua luz e sua sombra, deve também ser o testemunho delas.

Vocês sabem que na origem do autismo está o que se chama de "dupla linguagem", mensagem dupla. Quando você diz a seu filho "meu queridinho, meu anjo" e seu coração lhe diz "você me aborrece, você me impede de viver", a criança recebe essa dupla mensagem e em seu espírito pode se criar uma confusão. Donde a importância de ser verdadeiro, quer se trate de um pai ou de um educador. Tentar dizer ao filho que hoje está cansado, que neste momento no seu coração não há lugar para o amor e isso não quer dizer que não o ame sempre, que não o ame muito. Nesta situação há uma lucidez, porque se mostra ao outro a sua verdade. A verdade que nem sempre estamos no melhor de nós mesmos, que não somos seres perfeitos, que em nós existe o absurdo.

Não devemos ter vergonha de um momento de fraqueza, da fragilidade, porque ela faz parte de nossa humanidade. E também não é preciso ter vergonha de nossa grandeza. É preciso muita humildade, às vezes, para aceitar o dom que temos. Não tenhamos vergonha desta luz que nos preenche. Mostremos, ao mesmo tempo, a fragilidade de nosso cântaro e o infinito do espaço que o habita. Isso permitirá à criança se aceitar melhor em sua dimensão muito humana e também em sua dimensão divina.

A propósito da ascensão da doutrina de Hitler na Alemanha, Jung dizia que a causa estava na educação das crianças. A forma de educar deixava-as tão bem comportadas que mais pareciam imagens. E se vocês têm filhos sabem que esses filhos são anjos e, às vezes, são diabinhos egoístas, com todo o mundo girando em torno deles. A educação é uma necessidade para a criança e se se desenvolve somente o aspecto positivo, segundo Jung, se ela não pode entrar em contato com o seu animal ou seu diabinho, eles serão recalcados no inconsciente, não apenas pessoal, mas também no coletivo. Em determinado momento de sua vida, de sua história, os mecanismos de defesa se extravasam e essa violência recalcada pode submergir toda uma sociedade.

Essa teoria não é suficiente para explicar o que se passou na Alemanha nazista. Mesmo assim, deve nos provocar uma reflexão em relação à maneira de educar nossos filhos. Há que lhes permitir expressar sua agressividade, sua tristeza e, até mesmo, seu desespero. Os adolescentes são muito sensíveis neste nível e o adulto deve ser capaz de escutar suas angústias sem se angustiar. Lembramos o Livro de Jó, onde seu grito de revolta é o mesmo dos adolescentes e das crianças quando se rebelam contra as injustiças do mundo e esse grito tem necessidade de ser expressado.

É preciso lhes mostrar também que existe algo além disso. Atualmente, um certo número de revoltas, de desesperos, podem ser expressos e os adultos têm medo de expressá-los, enquanto poderiam mostrar algo além disso. "Eu compreendo seu sofrimento, compreendo sua revolta, compreendo sua agressividade. Como posso transformar esta agressividade em criatividade?" Porque, com a mesma força que se pode bater em alguém, pode-se carregar suas malas.

Portanto, é preciso reconhecer a energia que existe nestas crianças, energia às vezes expressa de modo caótico. Não se trata de negar a energia, trata-se de orientá-la. Creio que esse é o trabalho do educador.

E a linguagem do educador não é aquela que diz: *Você deve*, *é preciso*, *tem que*. A linguagem da verdadeira autoridade é aquela que diz: *Você pode*. Ao estudarmos a Lei de Moisés frequentemente está escrito *Você deve, é preciso* quando a tradução correta seria *Você pode*. Você pode não mentir, você pode não roubar, você pode ser honesto, você pode não adorar os ídolos. Você pode. Esta é a verdadeira palavra de um pai ou de uma mãe que não se contentam em dar conselhos e que dão ao filho o poder de cumprir seu destino.

Jesus nunca disse: "Você deve amar e se você não ama, vai para o inferno". Ele disse: "Você amará!". E não disse isso com voz dura ou exigente. O problema nosso com os textos é que nós guardamos as palavras e esquecemos a música. "Você amará" é um futuro, é um devir, é uma esperança. Hoje você não ama. Mas amanhã, futuramente, quem sabe você amará?...

É preciso ir ao encontro da criança nesta dificuldade de amar, nesta dificuldade de viver, dizendo-lhe: Levante-se, você pode andar, você um dia amará. Você amará não somente com sua cabeça, você amará com todo o seu coração, com todas as suas forças. Um dia você amará de modo inteligente e nesse dia você conhecerá a inteligência do coração. Você pode.

O educador não arranca as verduras antes do tempo, ele as rega com cuidado. O educador não apressa o rio, pois ele corre sozinho. O educador apenas retira os obstáculos do rio para que ele corra melhor. É um bom jardineiro que permite o desabrochar da flor, que permite que cresça o germe da vida humana.

A etimologia da palavra hebreu, *ivri*, é interessante. *Ivri* quer dizer, ao mesmo tempo, aquele que está de passagem, aquele que está passando sobre a terra, e também quer dizer "o embrião". Ser um hebreu é ser um embrião da humanidade. Quando olhamos em torno de nós não vemos muitos seres humanos. Vemos animais mais ou menos inteligentes, mais ou menos ternos, mais ou menos charmosos e muito poucos seres humanos. E, no entanto, somos os embriões da humanidade.

O educador, incluindo nele o pai e a mãe, é aquele que faz crescer, que acompanha o "tornar-se" dessa criança. Não pode esquecer que a rosa ao se elevar para o céu tem necessidade de estrume. Portanto, as coisas negativas, os defeitos de nossas crianças são como o terreno, o estrume que vai permitir o crescimento da rosa. Isso supõe que tenhamos aceitado nossa parte de estrume, mas é bem a rosa que procuramos!

8. *A mídia, de uma maneira geral, especialmente em nosso país, vem construindo um imaginal voltado para o absurdo, para o perverso. Como você vê a possibilidade de se cuidar desse imaginal, principalmente no que se refere às crianças e aos jovens?*

**Jean-Yves** – É sempre a mesma questão. A responsabilidade dos pais, dos educadores é semelhante à dos artistas, dos escritores, daqueles que utilizam a mídia.

Como produzir imagens que inspirem e estruturem nossa humanidade? Penso que esta é uma pergunta a ser feita às pessoas que vivem no mundo da mídia. Como produzir imagens que não sejam perversas? Por outro lado, se eliminamos as imagens negativas, propomos imagens muito desencarnadas, maravilhosas e com isso acentuamos a esquizofrenia do mundo, sobretudo essa que existe no continente europeu. O materialismo ou uma espiritualidade desencarnada. É preciso que reencontremos a imagem do *Antropos*, que já desenvolvemos em livros anteriores, como no *Evangelho de Maria de Magdala*.

O Evangelho de Maria foi rechaçado e quase esquecido. A terra nos devolveu em um passado recente, juntamente com toda a biblioteca de Nag Hammadi. Se isso aconteceu é porque dele tínhamos necessidade. Esse evangelho nos transmite um materialismo, um sentido de realidade física, corporal e material que, entretanto, é aberto ao mundo espiritual. Ele nos fala da descida do espírito na matéria que reencontramos na estrela de seis pontas, o símbolo do selo de Salomão. Formam a estrela dois triângulos com os vértices voltados, respectivamente, para cima e para baixo. Um dos triângulos é a pirâmide que se lança para o alto, o movimento do herói, a nossa busca em direção à luz, todos esses símbolos possuindo uma boa base na matéria. Ao mesmo tempo o outro triângulo mostra essa descida, a pirâmide de vértice para baixo que desce às profundezas da matéria, aos lugares de sombra e de escuridão do homem e da sociedade. É, portanto, uma imagem interessante, de um materialismo espiritual ou de uma espiritualidade encarnada.

A imagem do ser humano inteiro, que reúne o céu e a terra, o masculino e o feminino, o finito e o infinito, Deus e o homem, é uma imagem da qual temos necessidade atualmente. Essa imagem nos tirará desta guerra entre espiritualistas e materialistas, porque o que nos diz a ciência contemporânea é que somos matéria e espírito e não podemos negar dimensão alguma de nós mesmos. E se negamos uma dimensão que seja, somos infelizes, ficamos doentes, o mundo adoece, por recusa de nossa encarnação ou por recusa de nossa dimensão espiritual.

O que temos talvez a viver, são estas núpcias interiores, a reunião dos contrários que descobrimos como complementares.

9. *É possível, nos dias de hoje, não sentir o absurdo?*

**Jean-Yves** – Para não ver o absurdo nos dias de hoje precisaríamos ter os olhos bem fechados, os ouvidos bem tampados. Cada dia testemunhamos a injustiça, o sofrimento, o assassinato de inocentes e não podemos fazer de conta que isso não existe.

A questão atual é como sermos lúcidos sem ficarmos desesperados. E para não desesperarmos, temos que ser humildes e arregaçar nossas mangas. Cada um pode fazer o que pode fazer, como já falamos antes, contribuir com a sua gota d'água. Cada um tem uma gota d'água a levar para aquele que queima com a febre do mundo. Ser lúcido sem ser desesperado, agir de acordo com sua vocação, segundo sua medida. E mais – não se comparar com nenhum outro. Entre nós existem pessoas ativas e pessoas contemplativas. O mundo tem necessidade de ação e de contemplação, tem necessidade de atos e de preces. Creio que podemos fazer os dois.

10. *Sinto que cada nível de consciência que atingimos possui, em si mesmo, sua graça e seu absurdo, compatível com nosso nível de compreensão, em cada frequência. Esse absurdo seria a materialização, no plano físico, de nossa sombra, do que não trabalhamos ainda em nós. Redescobrindo em cada absurdo a sua graça, seguimos nossa escalada rumo à inteireza do ser. É assim que se passa, Jean-Yves?*

**Jean-Yves** – Sua pergunta é interessante porque nos lembra que estamos em uma evolução. Retornamos à imagem da escada que vocês leram em livros anteriores. Efetivamente, evoluímos através de um processo de morte e de renascimento. Morro a um certo estado de consciência para despertar em um estado de consciência mais elevado. Morro a um estado de lagarta para fazer a experiência da borboleta.

Como você bem o diz, a experiência do absurdo pode ser esse momento de crise onde faço a experiência dos meus limites para passar a um outro plano de consciência. Porque o que é absurdo em um nível, não o é mais em outro. Como ensina a física contemporânea: o que é verdadeiro em um certo nível da matéria não existe mais em outro nível.

Creio que em nossas vidas há estas mutações. O que era importante para nós em uma certa época não é mais importante atualmente. O mundo no qual a criança vive não é o mundo no qual o adulto vive. Nós progredimos sem cessar. Penso na palavra de um sábio antigo que dizia: "Cada um de nós vive em um mundo diferente, mas o sábio vive no mundo". Há um momento em que saímos do nosso mundinho e o absurdo de nossa visão, ou, mais exatamente, os limites de nossa percepção podem nos ajudar a ter uma apreensão mais ampla da realidade. Este, porém, é um tema que precisaríamos desenvolver em uma outra oportunidade, talvez lendo Ken Wilber que estudou bastante estas mutações de consciência ou mesmo com os bons professores da Unipaz.

## 11. *Você poderia nos falar das representações de Deus a partir do Novo Testamento?*

***Jean-Yves*** – As representações de Deus a partir do Novo Testamento são, sobretudo, as representações que Jesus tem de Deus. Estas representações são as mesmas de Moisés, dos sábios e dos profetas bíblicos bem como dos sábios e profetas de todas as tradições. Não há outra realidade que a realidade.

O que Jesus nos diz é que, com essa realidade última, podemos ter uma relação com o coração. Este é o sentido da palavra

Pai, um pai que poderia também ser mãe. Claro que Deus não é pai nem mãe, estas são imagens antropomórficas. O que Jesus diz é que podemos ter uma relação de intimidade com a fonte do nosso ser, não somente uma relação intelectual de um efeito com sua causa.

Deus não é somente nossa causa primeira, nosso primeiro princípio, uma abstração magnífica. Deus é uma presença, uma presença com a qual nós podemos viver, podemos respirar. Entramos aqui com o símbolo do *Pneuma*, do Espírito, que é uma outra imagem de Deus no Novo Testamento – Deus é o Sopro.

Quando Jesus ensina à samaritana, diz-lhe que "não é nem sobre esta montanha, nem sobre Jerusalém que é preciso adorar", nem neste templo, nem nesta igreja, nem nesta religião ou naquela outra. Os adoradores, tais como o Pai os quer, aqueles que querem entrar em relação com a Fonte absoluta do Ser, podem encontrá-lo no Sopro e na vigilância. As palavras que Ele usa *"en pneumati kai aletheia"* têm essa tradução precisa, literal. É no Sopro que fazemos a nossa relação com o Absoluto. E, neste mesmo momento, nosso Sopro está ligado à fonte da vida, pois nossa vida não contém senão um Sopro.

Rezar não é pensar em Deus, é respirar em sua presença. Cada respiração nos liga à Fonte do Ser que Jesus chama de seu Pai. Quando vocês eram crianças não falavam às suas mães como se fossem adultos. Não diziam: bom dia ou boa noite, minha causa primeira! Esta não é a linguagem do coração. Jesus, sem perder a linguagem metafísica, dá-nos a imagem de Deus com a qual podemos entrar em relação com o coração, com a inteligência e também com o Sopro. É uma linguagem muito interior, pois Deus não é uma abstração, uma ideia, mas é o Sopro do meu sopro. É o Sopro da vida que habita no coração da minha vida que passa. É o Sopro do Amor que habita no coração dos meus amores que passam.

Para fazer esta experiência, acessível a qualquer ser humano, não há necessidade de ser religioso ou padre, não há necessidade de ser filósofo ou cientista, apesar de podermos ser quaisquer deles já que são boas suas ocupações. O importante é conhecer quem está lá, no sopro do nosso sopro. Quem é a Vida da minha vida? Quem é o Amor dos meus amores? Quem é o Eu Sou que habita o pequeno Eu Sou que eu sou?

12. *Há uma passagem em sua autobiografia na qual você relata o episódio do mendigo que furtou seus poemas. Você fala do seu desespero e da graça vinda sob a forma de* croissants *com chocolate quente. É possível falar-nos mais sobre isso, uma vez que perdas e encontros são comuns em nossas vidas? Suas palavras nos mostram tanto o caminho a seguir!*

**Jean-Yves** – Obrigado por me lembrar esta experiência. Efetivamente alguém me tirou o que eu mais amava e o absurdo foi pensar que um pobre pudesse roubar um outro pobre. Nesse momento de minha vida, cri tocar o fundo do desgosto, do desespero acerca do ser humano. Refugiei-me em um café, à beira do cais do porto de Marselha. Um garçom trouxe-me dois *croissants* e uma xícara de chocolate quente. Quando lhe perguntei quem mandara aquilo ele me respondeu que tinha sido uma senhora. Procurei-a, mas ela não estava mais ali. Desde esse dia continuo a procurá-la, porque essa mulher fez de um homem desesperado um peregrino sobre o caminho.

Vejam, este é o nosso assunto, naquele mesmo instante vivia uma situação absurda e a graça. Eu não era nada e, todavia, era amado. E era amado por uma desconhecida. Foi com estes dois *croissants* que fiz minha primeira comunhão. Pela primeira vez, verdadeiramente, percebi a presença real de algo maior que o absurdo. Como se tivesse recebido uma dose em excesso dos santos sacramentos. Em nossa vida quotidiana, algumas vezes, são estes pequenos gestos que nos devolvem a esperança. Não são as grandes teorias, os grandes discursos, mas um gesto de amizade, um pouco de ternura.

Esse mesmo sentimento eu revivi algum tempo depois, no monte Athos. Estava à procura de um eremita na montanha, andei horas e fiquei com muita sede. Quando cheguei, finalmente, o homem me olhou, colocou um dedo sobre seus lábios sinalizando que eu nada dissesse, pediu que eu me sentasse e desapareceu. Durante duas horas o esperei e toda espécie de pensamentos cruzaram minha cabeça, pensamentos sobre o calor, meu cansaço, minha sede, sobre a vida monástica, sobre aquele homem que fugiu quando cheguei perto. Como nada fazia sentido decidi partir, com pensamentos muito sombrios sobre o absurdo da minha condição e da condição humana. Vejo, então, este homem chegar com uma lata de conserva enferrujada que ele segurava com cuidado. Dentro da lata havia água fresca. Compreendi, naquele momento, que o homem caminhara duas horas sob um sol abrasador, simplesmente para me trazer um pouco de água fresca. Creio que esta lata de conserva enferrujada foi para mim maior que a maior das catedrais.

O menor gesto de amor, do verdadeiro amor, é tão grande quanto a maior das catedrais porque Deus está, realmente, presente nele. Talvez hoje não seja mais necessário construir catedrais. O que é necessário é a utilização de gestos simples e que estes gestos sejam habitados por este amor que faz girar a Terra, o coração humano e as demais estrelas.

## Coleção Unipaz – Colégio Internacional dos Terapeutas

– *Cuidar do Ser*
– *Caminhos da realização*
– *Terapeutas do deserto*
– *O Evangelho de Tomé*
– *O corpo e seus símbolos*
– *O Evangelho de Maria*
– *A arte de morrer*
– *O Evangelho de João*
– *Carência e plenitude*
– *Sinais de esperança*
– *Além da luz e da sombra*
– *Enraizamento e abertura*
– *Viver com sentido*
– *Escritos sobre o hesicasmo*
– *Livro das bem-aventuranças e do Pai-nosso*
– *O Evangelho de Felipe*
– *O essencial no amor*
– *Judas e Jesus: duas faces de uma única revelação*
– *Jesus e Maria Madalena: para os puros, tudo é puro*
– *Uma arte de cuidar: estilo alexandrino*
– *Pedagogia iniciática: uma escola de liderança*
– *O homem holístico: a unidade mente-natureza*
– *Normose – A patologia da normalidade*
– *Dimensões do cuidar – Uma visão integral*
– *A revolução da consciência – Novas descobertas sobre a mente no século XXI*
– *A montanha no oceano – Meditação e compaixão no budismo e no cristianismo*

## CULTURAL

Administração
Antropologia
Biografias
Comunicação
Dinâmicas e Jogos
Ecologia e Meio Ambiente
Educação e Pedagogia
Filosofia
História
Letras e Literatura
Obras de referência
Política
Psicologia
Saúde e Nutrição
Serviço Social e Trabalho
Sociologia

## CATEQUÉTICO PASTORAL

**Catequese**
   Geral
   Crisma
   Primeira Eucaristia

   **Pastoral**
      Geral
      Sacramental
      Familiar
      Social
      Ensino Religioso Escolar

## TEOLÓGICO ESPIRITUAL

Biografias
Devocionários
Espiritualidade e Mística
Espiritualidade Mariana
Franciscanismo
Autoconhecimento
Liturgia
Obras de referência
Sagrada Escritura e Livros Apócrifos

**Teologia**
   Bíblica
   Histórica
   Prática
   Sistemática

## REVISTAS

Concilium
Estudos Bíblicos
Grande Sinal
REB (Revista Eclesiástica Brasileira)

## VOZES NOBILIS

Uma linha editorial especial, com importantes autores, alto valor agregado e qualidade superior.

## VOZES DE BOLSO

Obras clássicas de Ciências Humanas em formato de bolso.

## PRODUTOS SAZONAIS

Folhinha do Sagrado Coração de Jesus
Calendário de mesa do Sagrado Coração de Jesus
Almanaque Santo Antônio
Agendinha
Diário Vozes
Meditações para o dia a dia
Encontro diário com Deus
Guia Litúrgico

CADASTRE-SE
**www.vozes.com.br**

**EDITORA VOZES LTDA.**
**Rua Frei Luís, 100 – Centro – Cep 25689-900 – Petrópolis, RJ**
**Tel.: (24) 2233-9000 – Fax: (24) 2231-4676 – E-mail: vendas@vozes.com.br**

UNIDADES NO BRASIL: Belo Horizonte, MG – Brasília, DF – Campinas, SP – Cuiabá, MT
Curitiba, PR – Fortaleza, CE – Juiz de Fora, MG – Petrópolis, RJ – Recife, PE – São Paulo, SP